그림으로 보는 조선왕조실록

◉ 사진 제공
56쪽-대동여지도(국립민속박물관), 57쪽-대동여지전도(국립중앙박물관), 85쪽-척화비(양산시립박물관),
87쪽-척화비(부산박물관), 109쪽-우정총국(과학기술정보통신부), 144쪽-독립신문(국립한글박물관),
145쪽-독립문(서울시), 146쪽-데니 태극기(국립중앙박물관)

그림으로 보는 조선왕조실록 ⑤

초판 1쇄 발행 2023년 7월 20일
초판 2쇄 발행 2023년 11월 20일

글 정혜원 | **그림** 이은주

발행인 오형석
편집장 이미현 | **편집** 정은혜 | **디자인** 이희승
발행처 (주)계림북스
신고번호 제2012-000204호 | **등록일자** 2000년 5월 22일
주소 서울시 마포구 창전로 74 여촌빌딩 3층
대표전화 (02)7079-900 | **팩스** (02)7079-956
도서문의 (02)7079-913
홈페이지 www.kyelimbook.com

ⓒ계림북스, 2023
이 책에 실린 글과 그림, 사진의 무단 전재나 복제를 금합니다.

ISBN 978-89-533-3533-2 74900 | 978-89-533-3503-5(세트)

5 세도 정치로 무너지다

그림으로 보는 조선왕조실록

글 정혜원 | 그림 이은주

계림북스
kyelimbooks

들어가는 말

전 세계에 우리 민족의 힘을 보여 주는 역사 기록

　〈조선왕조실록〉은 조선을 세운 태조부터 제25대 왕 철종까지 472년을 기록한 역사책이에요. 긴 시간에 걸맞게 분량도 어마어마해서 1893권 888책이나 되지요. 〈조선왕조실록〉에는 왕을 중심으로 나라에서 벌어진 중요한 사건이 실려 있어요. 사실만 기록한 것이 아니라 역사 편찬을 담당한 신하의 의견과 비판도 기록되었어요. 왕과 권력자의 눈치를 보지 않고 사실대로 자유롭게 썼다는 의미예요. 또한 날씨, 산업, 풍속 등 백성들의 이야기도 살펴볼 수 있어요. 이런 가치를 인정받아 우리나라의 국보가 되었고, 온 인류가 잘 보존해야 할 소중한 세계 기록 유산으로 지정되기도 했답니다.

◆ 실록의 내용을 1893편으로 나누고, 그것을 888권의 책으로 묶은 걸 뜻해요.

　역사는 거울과 같아요. 역사를 기록하는 까닭은 과거의 사건을 통해 현재와 미래를 더 지혜롭게 살아갈 수 있기 때문이에요. 역사를 기록한 민족은 사라지지 않아요. 우리나라는 삼국 시대부터 조선 시대까지 수천 년 동안 역사를 기록하는 전통을 이어 왔어요. 오늘날 세계가 부러워하는 나라로 우뚝 설 수 있는 힘도 역사에서 비롯되었다고 할 수 있지요.
　〈그림으로 보는 조선왕조실록〉은 많은 분량의 〈조선왕조실록〉 가운데 유익하고 중요한 사실을 가려서 풍부한 그림과 함께 쉽고 재미있게 풀어 쓴 책이에요. 지금부터 역사의 바다로 긴 여행을 떠나 볼까요?

정혜원

차례

세도 정치의 시작

- 정순 왕후의 수렴청정 ········ 12
  - 순조가 왕이 되었어요
  - 벽파가 권력을 잡았어요
  - 신유사옥이 일어났어요

- 안동 김씨의 등장 ············ 18
  - 시파 김조순이 권력을 잡았어요
  - 평안도 사람들이 차별받았어요
  - 홍경래가 난을 준비했어요
  - 정주성이 폭파되었어요

  실록 배움터 ················ 26
  시파와 벽파는 어떻게 다를까?

- 안타까운 효명 세자 ·········· 28
  - 세자빈을 풍양 조씨로 뽑았어요
  - 조만영의 권력이 점점 커졌어요
  - 뛰어난 예술가였던 효명 세자
  - 세자에게 정치를 맡겼어요
  - 백성들의 삶을 위해 애썼어요

- 다시 시작된 천주교 탄압 ······ 38
  - 안동 김씨와 풍양 조씨가 세력 다툼을 했어요
  - 기해박해가 일어났어요

실록 배움터 ················ 42
조선 후기 왕들은 왜 일찍 죽었을까?

실록 놀이터 틀린 것 고르기 ·········· 44

지나친 세금 제도

- 탐관오리의 세상 ············· 48
  - 전정과 군역의 부담이 너무 컸어요
  - 환곡 제도가 엉망이 되었어요
  - 강화 도령이 왕이 되었어요
  - 백성들을 도와주려 했어요

실록 배움터 ················ 56
김정호는 대동여지도를 어떻게 만들었을까?

- 전국에서 일어서는 백성들 ····· 58
  - 단성에서 봉기가 시작되었어요
  - 봉기가 진주로 퍼져 나갔어요
  - 조정에서 삼정이정청을 설치했어요
  - 최제우가 동학을 만들었어요

실록 배움터 ························· 66
동학은 종교일까, 사상일까?

흥선 대원군과
명성 황후

- **열두 살 임금 고종** ····················· 70
  - 흥선 대원군이 권력을 잡았어요
  - 서원을 닫고 탐관오리들을 혼내 주었어요
  - 경복궁을 다시 지었어요
  - 원납전을 거둬들였어요

실록 배움터 ························· 78
우리 역사 속 대원군은 누가 있을까?

- **서양 세력과의 싸움** ··················· 80
  - 이양선이 조선에 몰려왔어요
  - 프랑스 군대가 쳐들어왔어요
  - 미국이 무역을 요구했어요
  - 전국에 척화비를 세웠어요

실록 놀이터 다른 그림 찾기 ············· 88

- **권력을 빼앗은 민씨 세력** ··············· 90
  - 흥선 대원군을 몰아냈어요
  - 운요호 사건이 일어났어요
  - 일본과 불평등한 조약을 맺었어요
  - 외국에 사절단을 보냈어요
  - 나라의 문을 활짝 열었어요

실록 배움터 ························· 100
흥선 대원군과 명성 황후는 왜 사이가
멀어졌을까?

- **명성 황후에 반대하는 사람들** ··········· 102
  - 선비들이 위정척사를 주장했어요
  - 구식 군대의 군인들이 난을 일으켰어요
  - 명성 황후가 궁궐 밖으로 달아났어요
  - 개화파가 권력을 잡았어요
  - 청나라와 일본의 군대가 철수했어요

실록 놀이터 순서대로 번호 쓰기 ········· 112

강대국의 전쟁터가 된 조선

- **우리나라는 우리 힘으로** ········· 116
  - 동학의 세력이 커졌어요
  - 조병갑에게 항의하던 농민들이 죽었어요
  - 동학을 믿는 농민들이 봉기를 일으켰어요
  - 전주성을 점령했어요
  - 청나라와 일본 군대가 끼어들었어요
  - 전주 화약을 맺었어요
  - 청일 전쟁이 일어났어요
  - 갑오개혁을 실시했어요
  - 우금치에서 동학 농민군이 패했어요

  실록 배움터 ········· 134
  전봉준은 어떻게 되었을까?

- **어두운 조선의 새벽** ········· 136
  - 일본이 명성 황후를 죽였어요
  - 상투를 자르라고 강요했어요
  - 전국에서 의병이 일어났어요
  - 고종이 러시아 공사관으로 달아났어요
  - 독립 협회를 만들었어요

- **힘없는 나라** ········· 146
  - 대한 제국을 선포했어요
  - 만민 공동회가 열렸어요
  - 러일 전쟁이 일어났어요
  - 일본이 한일 의정서를 강요했어요
  - 을사늑약이 체결되었어요
  - 고종이 헤이그로 밀사를 보냈어요

  실록 놀이터 보드게임 ········· 158

역사 속으로 사라진 대한 제국

- **빼앗긴 국권** ········· 162
  - 나라를 구하려고 백성들이 일어났어요
  - 순종이 황제가 되었어요
  - 조선의 군대를 해산시켰어요
  - 조선의 사법권을 빼앗았어요
  - 일방적인 한일 병합 조약이 체결되었어요

실록 배움터 ········· 172
안중근은 왜 이토 히로부미에게 총을 쏘았나?

- **조선의 어둠과 빛** ········· 174
  - 궁궐이 동물원으로 변했어요
  - 고종이 갑자기 죽었어요
  - 3·1 운동이 일어났어요
  - 6·10 만세 운동을 일으켰어요

실록 배움터 ········· 182
순종 이후 왕족들은 어떻게 살았을까?

실록 놀이터 정답 ········· 184

〈부록〉 조선왕조실록 연표

정조가 죽고 열한 살의 순조가 왕이 되었어요. 왕이 어렸기 때문에 증조할머니 정순 왕후가 수렴청정을 했지요. 순조는 안동 김씨 김조순의 딸을 왕비로 맞이했고, 열다섯 살이 되자 직접 나랏일을 하게 되었어요. 안동 김씨 세력은 경험이 부족한 젊은 왕을 뒷전으로 밀어 놓고 나라의 권력을 독차지했어요. 다른 당파의 눈치를 보지 않고 철종 때까지 쭉 권력을 누렸답니다. 세도 정치를 펼친 안동 김씨 세력의 이야기 속으로 들어가 보아요.

정순 왕후의 수렴청정

순조가 왕이 되었어요

정조는 왕자가 많지 않았어요. 왕비인 효의 왕후는 자식을 낳지 못했어요. 정조의 가장 큰 사랑을 받은 의빈 성씨가 첫아들 문효 세자를 낳았으나 안타깝게도 다섯 살에 죽었지요. 그 후 정조는 다음 왕위를 이어 갈 왕자를 몹시 기다렸어요. 드디어 4년 만에 수빈 박씨가 두 번째 아들을 낳았어요. 왕자는 친어머니 수빈 박씨는 물론 효의 왕후에게도 큰 사랑을 받았고, 정조가 죽던 해인 1800년 1월에 세자가 되었지요.

정조의 죽음은 갑작스러웠고 많은 사람을 충격에 빠뜨렸어요. 그나마 죽기 얼마 전에 세자를 정한 것이 다행이었지요. 그렇게 순조는 정조의 뒤를 이어 조선의 제23대 왕이 되었답니다. 새 왕의 나이가 어렸으므로 대왕대비인 정순 왕후 김씨가 순조를 도와 나랏일을 돌보는 수렴청정을 했어요. 정순 왕후는 영조의 왕비였고, 정조와 사이가 나빴어요. 정순 왕후가 권력을 잡게 되자 정조를 따르던 신하들은 두려움에 떨었어요.

벽파가 권력을 잡았어요

정조는 남인, 시파와 가깝게 지냈고 벽파를 멀리했어요. 하지만 벽파라 해도 뛰어난 인재에게는 벼슬을 내려 실력을 발휘할 기회를 주었지요. 정순 왕후의 친정은 벽파에 속했어요. 정조가 죽은 다음 날부터 정순 왕후는 벽파들을 중요한 관직에 앉혔어요. 벽파의 우두머리 심환지를 영의정으로 삼았고, 가까운 친척들에게 나라의 중요한 일과 관련된 높은 벼슬을 내렸어요. 심환지와 정순 왕후는 크고 작은 모든 일을 의논해서 처리했지요.

세도 정치의 시작

정순 왕후는 벽파와 손잡고 정조가 진행하던 일들을 없애거나 바꾸었어요. 먼저 정조가 왕권을 강화하기 위해 만든 군대인 장용영을 없앴어요. 또 학문을 연구하고 인재를 기르는 규장각의 역할과 규모를 줄였어요. 그리고 정조가 아끼던 신하들을 조정에서 몰아내기 위한 준비를 차근차근 해 나갔지요. 정순 왕후는 천주교를 금지하겠다는 명을 전국에 내렸어요. 남인과 시파 가운데 천주교를 믿는 신하들이 많았기 때문이에요.

신유사옥이 일어났어요

천주교는 모든 인간이 평등하다며 신분 제도를 부정했고, 조상에게 지내는 제사를 반대했어요. 충효를 강조한 유교 국가 조선에서 있을 수 없는 일이었지요. 정순 왕후는 천주교를 믿는 사람을 잡아내기 위해 오가작통법을 실시했어요. 세금을 걷거나 죄인을 잡을 때 다섯 집을 하나로 묶어 공동으로 책임을 지게 하는 법이었지요.

세도 정치의 시작

천주교 금지령 이후 수많은 사람이 잡혀 들어갔어요. 그중 정조가 아끼던 이가환과 정약용의 형제들도 있었어요. 이가환은 고문을 받다가 옥에서 죽었고, 정약용의 셋째 형 정약종은 사형을 당했어요. 정약용과 둘째 형 정약전은 각각 전라도 강진과 흑산도로 귀양을 갔지요. 천주교 신자들에 대한 탄압은 갈수록 심해졌고, 100명이 넘는 사람들이 목숨을 잃었어요. 이 사건을 '신유사옥'이라 하며, 남인은 완전히 몰락하게 되었답니다.

시파 김조순이 권력을 잡았어요

1802년, 벽파의 우두머리 심환지가 죽자 정순 왕후의 기세도 꺾였어요. 이듬해 정순 왕후는 수렴청정을 그만두었고 순조가 직접 나라를 다스렸지요. 순조의 왕비는 김조순의 딸이었어요. 정조는 세자를 잘 부탁한다는 말을 남길 만큼 김조순을 아꼈어요. 그런데 김조순의 딸이 세자빈으로 결정되기 직전에 정조가 죽었어요. 벽파는 시파 김조순의 딸이 왕비가 되는 것을 반대했어요. 왕비 결정 문제로 시파와 벽파가 서로 옥신각신했으나 결국 시파의 승리로 끝났어요.

세도 정치의 시작

순조는 아버지의 뜻을 받들어 장인인 김조순을 믿고 따랐어요. 정순 왕후마저 1805년에 세상을 떠나자, 막강한 힘을 갖게 된 시파는 벽파를 공격하여 조정에서 몰아냈어요. 조선은 완전한 시파의 세상이 되었고, 그 중심에는 김조순과 그 집안인 안동 김씨들이 있었어요. 그 후 안동 김씨는 60여 년 동안 권력을 잡았어요. 한 집안에서 나랏일을 좌지우지하는 것을 '세도 정치'라고 해요. 시파를 견제할 세력이 사라지자 왕권은 약해졌고 나라의 기강은 엉망이 되었어요. 수많은 탐관오리가 백성들을 못살게 굴었고, 농민들의 불만은 점점 끓어올랐어요.

조선은 이제 안동 김씨가 접수한다.

평안도 사람들이 차별받았어요

전국의 백성들 가운데 평안도 사람들의 불만이 가장 컸어요. 조선이 세워진 뒤 평안도 사람들은 과거에 합격하지 못했고, 높은 벼슬에 오를 수 없었어요. 또한 중국과 가까운 국경 지역이라 왕이 평안도 원님에게 더 많은 권한을 주었기 때문에 백성들은 큰 부담을 느꼈어요. 지리적 위치가 북쪽 오랑캐들과 가깝기 때문에 언제 반란을 일으킬지 모른다는 이유였지요.

오랜 시간 차곡차곡 쌓인 분노는 순조 때 폭발하고 말았어요. 난을 일으킨 우두머리는 평안도 용강의 홍경래였어요.

세도 정치의 시작

홍경래는 평민의 집안에서 태어나 어릴 때부터 글공부를 열심히 했고 무예도 활발하게 익혔어요. 평양에서 치른 1차 시험에서 합격하고 한양으로 올라와 2차 시험을 치렀으나 떨어지고 말았지요. 합격자들의 명단을 확인해 보니 대부분 한양의 이름난 집안의 자제들이었어요. 홍경래는 과거 시험이 공정하지 않다고 생각했어요. 마음속에 끓어오르는 화를 삭이느라 전국을 떠돌아다녔지요. 그리고 잘못된 세상을 바꾸는 방법은 난을 일으키는 것이라는 결론을 얻었어요.

홍경래가 난을 준비했어요

고향으로 돌아온 홍경래는 조정에 불만을 품은 사람들을 끌어모았어요. 첩에게서 태어나 차별받는 서자, 돈은 많지만 힘없는 부자, 과거에 실패한 양반, 지방의 낮은 관리 등 많은 사람이 홍경래와 함께했어요. 세력은 점점 커져서 평안도뿐 아니라 함경도와 황해도 사람들과 차별받던 한양의 양반들도 난에 참여하기로 했지요. 홍경래는 평안도 가산의 다복동에 기와집을 크게 짓고 사람들과 함께 난을 준비했어요.

세도 정치의 시작

1811년, 평안도에 큰 흉년이 들어 백성들은 추수를 하고도 먹을 것이 없었어요. 조정에서는 쌀을 내려보내 백성들을 위해 싼값에 팔기로 했어요. 그러나 고을의 원님들이 제 욕심을 채우느라 비싼 값에 쌀을 팔자 굶어 죽는 백성들이 생겼어요. 백성들의 분노가 차오르는 것을 본 홍경래는 다복동 뒷산에 금광을 열고 사람들을 모집했어요. 많은 농민들이 광산으로 몰려들어 금을 캐는 일은 하지 않고 군사 훈련을 받았지요.

정주성이 폭파되었어요

1811년 12월, 홍경래는 스스로를 대원수라 일컬으며 난을 일으켰어요. 농민군은 남진과 북진 두 부대로 나뉘어 관아로 몰려가 백성들에게 창고의 곡식을 나누어 주었어요. 열흘 만에 평안도의 여러 고을을 점령한 농민군은 얼마 후 평안도 들판에서 조정에서 보낸 군대와 마주쳤어요. 한바탕 큰 전투가 벌어졌으나 잘 훈련된 관군을 당해 낼 수 없었지요. 농민군은 조금씩 뒤로 밀리다 정주성을 차지하고 다음 전투를 대비했어요.

세도 정치의 시작

관군들은 정주성 밖에서 농민군을 포위했어요. 농민군은 관군에 맞서 죽을힘을 다해 싸웠어요. 그러나 저항은 오래갈 수 없었어요. 성안에 먹을 것이 떨어졌고, 관군의 새로운 전투 방법 때문이에요. 관군은 북문과 동문 밑에 화약을 묻어 성문을 폭파시켰고, 홍경래는 전투 중에 죽고 말았지요. 홍경래의 난으로 1,900명이 넘는 농민군이 목숨을 잃었어요.

실록 배움터

시파와 벽파는 어떻게 다를까?

정조와 정순 왕후의 사이가 나빴던 것은 사도 세자의 죽음과 관련 있어요. 영조가 사도 세자를 죽이려 할 때 노론의 신하들은 대부분 찬성했고, 소론과 남인은 반대했어요. 정순 왕후는 친정 식구들이 속한 노론을 지지했고, 사도 세자를 좋아하지 않았어요. 정조가 왕위에 오르자 이번에는 사도 세자를 죽이는 데 앞장선 정순 왕후의 오빠인 김구주를 비롯한 노론들을 죽이거나 귀양 보냈어요. 그 결과 정조와 정순 왕후는 절대로 가까워질 수 없는 사이가 되었지요.

정조는 할아버지 영조의 탕평책을 이어받으려 했어요. 노론은 정조의 탕평책을 거부하는 강경파와 다른 당파와 화합하려는 온건파로 나뉘었어요. **노론의 강경파들은 온건파를 시류에 맞춰서 이익을 챙기는 무리, 즉 시파라 부르며 손가락질했어요. 온건파는 고집스럽고 꽉 막힌 강경파를 벽파라 불렀지요.** 정조 때 숨죽이고 있던 벽파는 순조가 왕이 되자 잠시 기지개를 켰으나 수렴청정을 하던 정순 왕후가 죽고 권력이 시파에게 넘어가자 다시 일어설 수 없었지요.

안타까운 효명 세자

세자빈을 풍양 조씨로 뽑았어요

순조는 나이가 들수록 왕을 허수아비처럼 여기고 나랏일을 제멋대로 처리하는 안동 김씨들이 점점 못마땅했어요. 그때 용기 있는 몇몇 선비들이 나라에 가뭄이 계속되어 백성들이 굶어 죽어 가고, 지방의 탐관오리들 때문에 관아의 곳간이 텅텅 비었다는 상소를 올렸어요.
안동 김씨의 기세에 눌린 신하들은 문제를 해결할 생각은 하지 않고 도리어 상소를 올린 선비들을 귀양 보냈지요. 순조는 한숨만 푹푹 쉬었어요.

세도 정치의 시작

드디어 안동 김씨 세력을 꺾을 수 있는 기회가 찾아왔어요. 순조와 순원 왕후 사이에 태어난 효명 세자가 혼인할 나이가 된 것이지요. 순조는 안동 김씨 세력에 맞설 수 있는 집안의 딸을 세자빈으로 삼고 싶었어요. 마침 이조 판서를 지낸 조득영의 친척인 조만영이 눈에 들어왔어요. 풍양 조씨 집안이 좀 더 힘을 기르면 안동 김씨를 견제할 수 있을 것이라고 판단했지요. 1819년, 순조는 조만영의 딸을 세자빈으로 삼았어요.

풍양 조씨

권력이 한쪽으로 쏠리면 안 되지.

안동 김씨

조만영의 권력이 점점 커졌어요

조만영은 전라도 암행어사로 출두해 백성들에게 함부로 세금을 거두어들인 탐관오리들을 조정에 보고하여 벼슬을 빼앗았어요. 또 청나라에 사신으로 가서 외교관 역할을 톡톡히 하고 돌아왔지요. 순조는 조만영에게 거는 기대가 몹시 컸어요. 효명 세자의 혼인 이후 순조는 조만영에게 이조 참의 및 성균관의 책임자인 대사성, 군대를 통솔하는 금위대장과 어영대장, 이조 판서 등 높은 벼슬을 차례로 내렸어요.

세도 정치의 시작

조만영은 특히 세자를 곁에서 돌보는 중요한 일을 맡았어요. 세자가 공부를 잘하고 있는지 살폈고, 홍역 같은 병에 걸려 몸이 아플 때 잘 치료받도록 했지요. 순조는 나라의 중요한 일을 처리할 때 조만영에게 의견을 묻고 따를 만큼 신뢰했어요. 또한 나라의 큰일을 치를 때 김조순과 조만영에게 함께 처리하도록 했어요. 이렇게 조정 안에는 조만영과 풍양 조씨들이 점점 힘을 키워 가고 있었지요.

뛰어난 예술가였던 효명 세자

효명 세자는 외모가 잘생겼고 엄청 똑똑했어요. 할아버지 정조처럼 학문 연구에 무척 관심이 많았지요. 어릴 때부터 정조가 남긴 많은 책을 읽으며 자랐고, 글을 써서 여러 권의 책으로 엮기도 했어요. 순조는 어린 세자를 정조처럼 훌륭한 임금으로 만들기 위해 최선을 다했어요. 게다가 세자는 예술에도 관심이 많았어요. 왕과 왕비의 생일 등 궁궐 잔치에 필요한 음악의 가사를 직접 지었고, 춘앵무라는 무용을 만들었어요.

세도 정치의 시작

어머니 순원 왕후의 마흔 살 생일을 축하하기 위해 만든 춤이 춘앵무랍니다. 춘앵무는 화관을 머리에 쓰고 노란색 윗옷을 입은 기생이 혼자 추는 독무예요. 움직임이 매우 우아하고 아름다운 춤이지요. 춘앵무는 우리말로 '봄 꾀꼬리 같은 춤'이라는 뜻이에요. 효명 세자는 봄날 아침에 나무 사이를 활기차게 날아다니는 꾀꼬리를 보고 춘앵무를 만들었다고 해요.

세자에게 정치를 맡겼어요

날이 갈수록 순조의 몸과 마음은 약해졌어요. 가장 심각한 문제는 밤에 잠을 못 자는 불면증이었어요. 불면증이 심해지자 낮에 머리가 아프고 정신이 흐려졌어요. 효명 세자가 열다섯 살이 되자 순조는 세자에게 왕실의 행사를 맡겼어요. 4년이 지나 세자가 열아홉 살이 되자 순조는 큰 결단을 내렸어요. 바로 대리청정이었어요.

★**대리청정** 왕이 아프거나 나이가 많아서 나랏일을 하기 힘들 때 세자가 대신하는 것을 말해요.

세도 정치의 시작

1827년, 순조는 정식으로 신하들에게 대리청정을 알렸어요. 대리청정을 하게 된 효명 세자는 나라를 위해 바른말을 하다 귀양 간 선비들을 풀어 주었어요. 또한 영조와 정조가 시행한 탕평책을 본받아 당파에 따르지 않고 인재를 썼어요. 〈열하일기〉를 쓴 박지원의 손자 박규수처럼 자신을 도와줄 수 있는 젊은 신하들을 주변에 모았어요. 그리고 장인 조만영과 그 동생 조인영의 벼슬을 높여 주었어요. 자연스럽게 풍양 조씨가 안동 김씨와 경쟁하며 조정 안의 큰 세력으로 등장했어요.

백성들의 삶을 위해 애썼어요

효명 세자는 과거 시험을 여러 번 치러 새로운 인재를 발굴했어요. 벼슬을 내릴 때도 신하들의 말에 무조건 따르지 않았어요. 여러 사람을 시켜 됨됨이를 알아본 뒤 신중하게 결정했지요. 또한 백성을 괴롭힌 지방의 관리들과 바르지 못한 행동을 한 조정의 관리들에게 엄한 벌을 내렸어요. 백성들에게 피해를 준 사람은 관리의 자격이 없다고 생각한 것이지요.

세도 정치의 시작

그런데 대리청정을 시작한 지 4년 만에 효명 세자가 갑자기 죽고 말았어요. 스물두 살의 젊은 나이였어요. 죽은 이유는 분명하지 않지만 건강을 돌보지 않고 일을 지나치게 많이 했기 때문이라고 알려졌어요. 훌륭한 임금이 될 것이라는 기대를 한 몸에 받은 세자의 죽음에 많은 사람이 슬퍼했어요.
효명 세자가 죽자마자 안동 김씨와 그 일파들은 즉시 목소리를 높였어요. 세자가 뽑은 인재들을 비난하며 벼슬을 빼앗고 내쫓으라는 주장이었지요.

다시 시작된 천주교 탄압

안동 김씨와 풍양 조씨가 세력 다툼을 했어요

효명 세자가 죽고 난 뒤 순조는 건강이 더 나빠져 시름시름 앓았어요. 나랏일은 김조순과 안동 김씨들이 도맡아 처리했지요.
1834년, 순조는 조인영에게 효명 세자의 아들인 세손을 잘 이끌어 달라는 유언을 남기고 세상을 떠났어요. 안동 김씨가 더 이상 권력을 제멋대로 휘두르지 못하도록 막으려는 뜻이었지요.

세도 정치의 시작

순조의 뒤를 이어 어린 세손이 왕위에 올랐어요. 바로 조선의 제24대 임금 헌종이에요. 헌종은 아버지 효명 세자를 왕으로 높이고 익종이라는 시호를 올렸어요. 헌종의 나이는 고작 여덟 살이었어요. 그래서 순조의 왕비인 순원 왕후 김씨가 수렴청정을 했어요. 헌종을 등에 업고 풍양 조씨의 힘이 커지자 순원 왕후는 먼 친척 조카의 딸을 왕비로 삼았어요. 안동 김씨의 권력을 계속 이어 나가겠다는 뜻이었지요.

기해박해가 일어났어요

순조 초기 정순 왕후가 죽고 천주교에 대한 탄압이 잠시 줄어들었어요. 벽파와 달리 시파인 안동 김씨가 천주교에 너그러운 편이었기 때문이에요. 헌종이 왕이 되고 나서 풍양 조씨 세력은 천주교를 안동 김씨를 공격하기 위한 수단으로 삼았어요.
먼저 풍양 조씨와 가까운 신하들이 청나라에서 들어오는 물건들을 더욱 철저하게 검사해야 한다고 목소리를 높였어요. 천주교를 막겠다는 것이었지만 사실 안동 김씨의 꼬투리를 잡으려는 속셈이었어요.

세도 정치의 시작

1839년, 조정에서는 전국에 천주교 신자들을 잡아들이라는 명을 내렸어요. 이미 여러 명의 서양 신부들이 조선에 들어와 활동하고 있었고, 궁궐 안에도 믿는 사람들이 있을 만큼 천주교는 널리 퍼져 있었어요. 수많은 사람이 붙잡혀 와 고문을 당하고 목숨을 잃었어요. 다산 정약용의 조카인 정하상 등 70여 명이 끔찍하게 처형되었고, 고문을 당하다가 죽은 사람의 수가 60명이 넘었어요. 이 사건을 '기해박해'라고 한답니다. 우리나라 최초의 신부인 김대건도 7년 뒤 스물다섯이라는 젊은 나이로 목숨을 잃었지요.

실록 배움터

조선 후기 왕들은 왜 일찍 죽었을까?

조선 후기의 훌륭한 임금으로 손꼽히는 정조는 마흔아홉 살에 세상을 떠났어요. 등에 난 종기 때문이었지요. 종기란 곪아서 고름이 차는 피부병이에요. 그다음 임금들의 수명은 더 짧았어요. 순조는 다리에 종기가 심해 마흔다섯에 죽었고, 나중에 익종으로 추존된 효명 세자는 스물두 살에 갑자기 사망했어요. 순조의 뒤를 이어 왕위에 오른 효명 세자의 아들 헌종은 한창 때인 스물세 살, 강화 도령이라 불린 철종도 서른셋에 죽었지요.

정조   순조   헌종   철종

조선 후기 왕들이 일찍 죽은 이유는 육체 피로와 엄청난 정신적 스트레스 때문이에요. 정조는 나랏일과 학문 연구에 몰두하느라 건강을 챙기지 못했어요. 게다가 정조 이후 조선은 외척들의 세상이 되었어요. 순조는 안동 김씨를 몰아내고 왕권을 강화하려다 실패했어요. 그 결과 극심한 우울증과 불면증에 시달렸다고 해요. 나머지 왕들도 신하들의 눈치를 보며 자신의 꿈을 펼칠 수 없어 괴롭기는 마찬가지였지요.

★**추존** 왕위에 오르지 못하고 죽은 사람에게 임금의 칭호를 주는 것이에요.
★**외척** 어머니 쪽의 친척을 뜻해요.

43

실록 놀이터

조선 후기는 새로운 변화의 바람으로 혼란스러웠어요. 다음 그림을 보고 당시에 있었던 일이 아닌 것을 두 개 골라 네모 칸에 V해 보세요.

정순 왕후는 천주교인을 잡아내기 위해 오가작통법을 실시했어요.

홍경래가 난을 일으켜 반란에 성공했어요.

조선의 세금은 크게 농사짓는 토지에 대한 전정과 군대를 가는 대신 내는 군포가 있어요. 토지와 인구수를 정확히 파악하기 어려웠기 때문에 세금을 집집마다 내지 않고 고을별로 모아서 내게 했어요. 그러나 관아에서는 별별 방법으로 실제보다 더 많은 세금을 거두어들였지요. 더 심각한 문제는 봄에 관아에서 백성들에게 곡식을 빌려주었다가 가을에 추수가 끝나면 돌려받는 환곡이었어요. **나라의 중요한 사업인 전정, 군역, 환곡을 '삼정'이라 해요. 조선 후기에 이르러 삼정이 혼란스러워지자 백성들은 큰 고통을 겪었어요.**

탐관오리의 세상

전정과 군역의 부담이 너무 컸어요

전정에는 여러 문제가 있었어요. 고을의 원님들이 엉터리로 세금을 늘려 터무니없이 거두어들이는 경우가 많았거든요. 원님을 도와 관아 일을 하는 아전들이 중간에서 세금을 가로채는 일도 자주 일어났어요. 또한 많은 권력자들이 자기 땅에는 세금을 내지 않았어요. 그 피해는 고스란히 백성들에게 돌아갔지요. 뿐만 아니라 흉년이 들면 세금을 깎아 줘야 하지만 잘 지켜지지 않았어요.

지나친 세금 제도

16세부터 60세까지의 남자는 국방의 의무인 군역을 해야 했어요. 군대에 가는 대신 일 년에 베 두 필을 나라에 세금으로 낼 수 있었는데, 그것을 '군포'라고 해요. 보통 백성들이 내기에는 매우 벅찼기 때문에 영조 때 한 필로 줄여 주었어요. 사회가 혼란스러워지자 군역을 담당하는 아전과 짜고 군포를 면제받는 사람들이 늘어났어요. 아전들은 부족한 부분을 채워야 했으므로 어린아이와 죽은 사람에게도 강제로 군포를 거두어들였어요.

환곡 제도가 엉망이 되었어요

삼국 시대부터 있던 환곡은 굶주림에 시달리는 백성들에게 곡식을 빌려주는 제도였지요. 또한 흉년에 곡식 가격이 오르는 것을 막고, 관아의 오래된 쌀을 새것으로 바꾸는 역할을 해 관아와 백성들에게 모두 도움이 되었지요.

그러나 조선 후기에 이르러 본래 기능을 잃으면서 백성들을 가장 힘들게 한 것이 환곡이었어요. 나라의 곡식을 빌렸다가 갚을 때는 이자를 내야 하는데, 시간이 흐를수록 이자가 높아졌어요.

지나친 세금 제도

백성들이 환곡을 꺼리게 되자 관아의 아전들은 곡식을 강제로 빌려 가게 했어요. 빌려줄 때 무게를 속이거나 먹지도 못할 상한 곡식을 억지로 떠넘겼어요. 돌려받을 때는 온갖 트집을 잡아 더 많이 빼앗아 갔지요. 심지어 곡식을 빌리지도 않았는데 이자를 받아 가는 일도 심심찮게 벌어졌어요. 환곡은 더 이상 굶주린 백성들을 살리는 제도가 아니었어요. 눈덩이처럼 불어난 이자는 수많은 백성을 죽음으로 몰고 갔어요.

강화 도령이 왕이 되었어요

삼정의 혼란은 세도 정치 속에서 더욱 심해졌어요. 헌종의 외할아버지인 조만영이 죽자 조정의 권력은 풍양 조씨에서 다시 안동 김씨의 손으로 넘어갔어요. 임금의 외가 사람들이 번갈아 가며 권력을 잡고 휘두르자 나라는 혼란에 빠졌어요. 전국에 탐관오리가 넘쳐 났고 백성들은 고통스럽게 살아갔지요. 헌종도 백성들이 얼마나 힘들게 살아가는지 알고 있었어요. 그러나 안동 김씨와 풍양 조씨의 등쌀에 힘을 쓸 수 없었지요. 결국 헌종은 스물세 살이라는 젊은 나이에 세상을 떠나고 말았어요.

지나친 세금 제도

헌종은 다음 왕위를 이을 왕자를 남기지 못했어요. 신하들은 왕족 가운데 똑똑하다고 알려진 이하전을 다음 왕으로 삼아야 한다고 주장했지만, 안동 김씨의 생각은 달랐어요. 궁궐 최고의 어른인 대왕대비는 영조의 후손인 이원범을 새 왕으로 삼겠다고 발표했어요.
이원범의 집안은 할아버지 때 반역을 꾀했다는 죄로 강화도로 귀양 가서 농사를 지으며 가난하게 살고 있었어요. 하루아침에 왕이 된 강화도 시골 총각 이원범이 바로 조선의 제25대 임금 철종이에요.

백성들을 도와주려 했어요

철종은 열아홉 살에 왕위에 올랐으나 나라를 다스리는 데 필요한 교육을 제대로 받지 못했어요. 대왕대비인 순원 왕후 김씨가 3년 동안 수렴청정을 했지요. 수렴청정이 끝나고 직접 나라를 다스릴 때도 달라진 것은 없었어요. 철종은 안동 김씨 세력에 둘러싸여 기를 펼 수 없었어요. 신하들에게 벼슬을 내리거나 중요한 나랏일을 처리할 때마다 안동 김씨들의 눈치를 봐야 했지요. 철종은 허수아비 임금에 지나지 않았어요.

지나친 세금 제도

철종은 왕이 되기 바로 전까지 강화도에서 농사를 지으며 살았어요. 그래서 백성의 어려움을 누구보다 잘 알고 있었지요. 자신이 할 수 있는 범위에서 백성들을 도와주려고 애썼어요. 평안도에 큰 가뭄이 들어 굶어 죽어 가는 백성들이 많아지자 나랏돈을 빌려주어 목숨을 구하도록 했어요. 또한 백성이 고통당하고 있는데 모른 체한 관리에게 큰 벌을 내리라는 명을 내렸어요. 그러나 밑바닥으로 떨어진 백성들의 삶을 돌보기에는 턱없이 부족했어요.

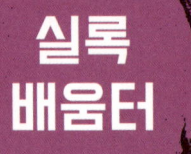

김정호는 대동여지도를 어떻게 만들었을까?

조선 후기 문화유산 가운데 김정호가 만든 대동여지도를 빼놓을 수 없어요. 철종 12년에 제작된 대동여지도는 22첩의 지도로 나뉘어져 부분으로 활용할 수 있고, 합치면 전체를 볼 수 있는 특별한 지도랍니다. 물론 대동여지도 이전에도 지도가 있었어요.
'혼일강리역대국도지도'와 '조선팔도고금총람도'는 조선 초기와 중기에 만들어진 지도예요. 그러나 대동여지도만큼 정확한 지도는 없었지요.

★첩 묶어 놓은 책을 뜻해요.

전체로 펼치면 가로가 약 4미터, 세로는 약 7미터에 이른단다.

대동여지도

김정호는 양반과 상민 사이의 중인 신분이었어요. 친한 양반 실학자와 벼슬아치들 도움으로 관아에 보관된 지도를 자주 볼 수 있었지요. 김정호는 수많은 지도와 지리에 관한 책을 모으고 조사하여 대동여지도를 완성했어요. 고생 끝에 정확한 지도를 만들었지만 그 당시에는 알아주는 사람이 없었어요. 권력자들도 지도의 중요성을 몰랐기 때문이에요. 가슴 아픈 일이지만, 대동여지도를 이용한 사람은 우리나라를 탐험한 서양인들과 침략자 일본군이었어요.

이 지도는 대동여지도를 줄여 만든 전도란다.

대동여지전도

전국에서 일어서는 백성들

단성에서 봉기가 시작되었어요

안동 김씨 세력은 자격이 없는 양반들에게 뇌물을 받고 고을의 원님 자리를 주었어요. 그런 원님들은 재물을 모으기 위해 온갖 방법으로 백성들을 괴롭혔지요. 수많은 탐관오리 때문에 백성들은 일 년 내내 힘겹게 농사를 짓고도 먹고살기 어려웠어요. 결국 집과 땅을 버리고 떠돌이가 된 사람들이 늘었어요. 떠난 사람들의 세금은 남아 있는 사람들의 몫이었어요. 나라 꼴이 엉망이 되자 백성들의 화가 부글부글 끓었어요. 더 이상 탐관오리들의 괴롭힘을 참을 수 없었지요.

지나친 세금 제도

　백성들이 가장 먼저 봉기를 일으킨 곳은 지리산 근처에 있는 작은 고을 단성이었어요. 단성의 원님이 관아의 곡식을 3,000석이나 빼돌렸고, 그 밑에서 일하던 아전들도 부족한 곡식을 메우기 위해 백성들에게 풀과 썩은 벼로 채운 가마니를 환곡으로 떠넘겼어요. 분노가 폭발한 백성들은 낫과 괭이를 들고 관아로 몰려가 창고를 불태우고 아전들의 집을 때려 부쉈어요. 조정에서 백성들의 환곡을 줄여 주고 원님과 아전들을 귀양 보내라는 명이 떨어지고 나서야 백성들은 잠잠해졌어요.

★**봉기** 벌 떼처럼 사람들이 들고일어나는 것을 뜻해요.

봉기가 진주로 퍼져 나갔어요

단성의 봉기는 잦아들었으나 불씨가 가까운 경상도 진주로 옮겨 붙었어요. 경상도의 군대를 지휘하던 백낙신은 엄청난 탐관오리였어요. 4만 냥 이상의 돈을 빼돌렸고, 그동안 관리들이 도둑질한 곡식을 백성들에게 메우게 했어요. 먹고살기 막막한 진주 농민들은 더 이상 참을 수 없었어요. 게다가 단성에서 일어난 봉기를 지켜보며 큰 용기를 얻었지요.

지나친 세금 제도

몰락한 양반이었던 유계춘은 농민들을 모아 봉기를 일으킬 계획을 세웠어요. 농민군은 장터를 돌며 사람들을 불러 모았어요. 봉기에 참여하지 않는 농민에게는 벌금을 물렸어요. 자발적으로 참여한 농민군도 점점 늘어났지요. 수만 명의 농민들이 농기구와 몽둥이를 들고 진주성으로 달려갔어요. 겁에 질린 백낙신이 요구를 들어주겠다고 했지만, 농민들의 분노는 쉽게 가라앉지 않았어요.

잘못했소. 진정들 하시게.

조정에서 삼정이정청을 설치했어요

경상도에서 시작된 백성들의 봉기는 전라도와 충청도로 퍼져 나갔어요. 전라도와 충청도는 곡식이 많이 나는 평야 지대라 탐관오리가 더 많았지요. 조정에서는 탐관오리를 처벌하고 세금 문제를 해결하겠다고 약속했어요. 백성을 가장 힘들게 했던 전정, 군역, 환곡 즉 삼정의 혼란을 바로잡기 위해 삼정이정청이라는 기구를 만들었어요.

전정과 군역을 백성들에게 유리하게 고치고 환곡을 없애는 등 여러 대책을 내놓았으나 관리들과 백성들의 입장이 크게 엇갈려 실패하고 말았지요.

지나친 세금 제도

봉기의 불길은 북쪽으로 번져 한강을 건넜어요. 2월에 단성에서 시작된 봉기는 그해 가을 경기도와 함경도까지 퍼졌고, 바다 건너 제주도에서도 일어났어요. 1862년 임술년에 전국에서 일어난 농민들의 거센 움직임을 '임술 농민 봉기'라고 해요. 임술 농민 봉기는 농민들이 제힘으로 나라의 토지와 세금 제도를 고치려 했다는 점에서 큰 의의가 있어요. 봉기의 불씨는 꺼지지 않고 살아남아 '동학 농민 운동'으로 이어졌답니다.

최제우가 동학을 만들었어요

농민 봉기가 시작될 무렵 고통받던 백성들의 마음을 달래 줄 새로운 종교가 등장했어요. 바로 최제우가 만든 동학이에요.

최제우는 경상도 경주의 몰락한 양반집에서 태어났어요. 어릴 때부터 세상과 학문에 관심이 많아 여러 가지 공부를 하던 중, 서른일곱 살에 열병을 크게 앓고 난 뒤 하느님의 계시를 받았다고 해요.

지나친 세금 제도

그때부터 최제우는 세상에 나가 활동하며 〈용담유사〉와 〈동경대전〉 등의 책을 써서 하느님의 가르침을 사람들에게 전했어요. 동학은 백성들의 입장에서 인간의 존중과 평등을 주장했어요. 동학이 백성들 사이에 빠르게 퍼지자 조정에서는 두려움을 느꼈어요. 동학의 가르침이 양반을 중심으로 하는 조선의 신분 제도를 파괴할 만큼 앞서 나갔기 때문이에요.

1863년, 경주에서 붙잡힌 최제우는 순박한 백성들을 선동하는 사악한 집단의 우두머리로 몰려 이듬해 사형을 당하고 말았지요.

실록 배움터

동학은 종교일까, 사상일까?

조선의 권력자들이 바라본 동학은 사회를 어지럽히는 사상이었어요. 〈고종실록〉에는 최제우를 잡아들이게 된 까닭과 과정을 다음과 같이 보고하고 있어요.

"경주 근처의 10개 고을에서 동학에 관한 이야기가 끊이지 않고 들려옵니다. 주막집 여인부터 어린아이까지 시천주라는 글을 조금도 부끄러워하지 않고 외우고 다닙니다. 그 지역에서 동학이 얼마나 크게 일어났고 세상을 오염시켰는지 잘 알 수 있습니다."

시천주는 하느님을 섬긴다는 뜻이에요. 그러나 기독교의 하나님과 달리 동학의 하느님은 인간의 마음속에 있어요. 그러므로 사람이 곧 하늘인 것이지요. 즉 모든 사람은 하늘처럼 높고 귀하며 평등하다는 뜻이에요. 한편 동학은 서학에 대항하는 종교로 알려졌어요. 최제우는 경주에서 붙잡혀 신문을 당할 때 동학은 양이고 서학은 음이며, 양으로 음을 억누르려 했다고 주장했어요. 기독교라는 종교를 앞세워 조선을 넘보는 서양 세력을 물리치겠다는 뜻이지요. 그런 점에서 동학은 사회에 영향을 미치고 세상을 변화시키는 사상이기도 해요.

60여 년간 이어진 안동 김씨의 세도 정치를 끝낸 사람은 고종의 아버지 흥선 대원군이에요.

흥선 대원군은 10년 동안 어린 고종을 대신하여 나랏일을 했어요. 나라의 기강과 무너진 왕권을 강화시키기 위해 무리한 정책을 펼치다 보니 원망하는 백성들의 목소리가 점점 높아졌어요. 그 틈을 파고들어 흥선 대원군의 권력에 맞선 이가 있었어요. 바로 고종의 왕비 명성 황후 민씨예요.

세도 정치 다음에는 흥선 대원군과 명성 황후의 세력 다툼이 이어졌답니다.

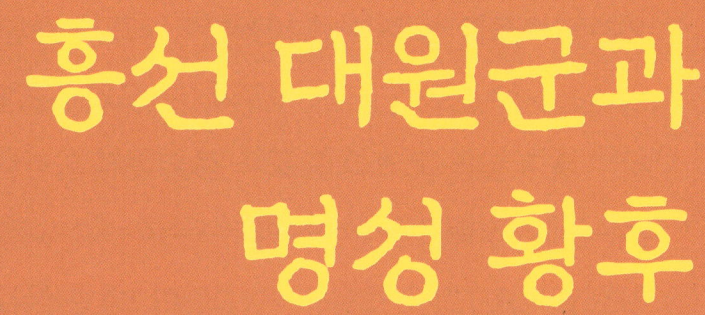

흥선 대원군과 명성 황후

열두 살 임금 고종

흥선 대원군이 권력을 잡았어요

철종은 시름시름 앓다가 서른세 살에 왕자를 남기지 못하고 죽었어요. 왕위를 결정할 궁궐의 최고 어른은 헌종의 어머니이자 효명 세자의 왕비인 조 대비였어요. 조 대비에게는 안동 김씨 세력에 맞설 수 있는 사람이 필요했어요. 그런 자신의 바람과 딱 맞아떨어지는 사람이 흥선군이었지요. 다른 왕족들이 안동 김씨에 빌붙어 잘 먹고살 때, 흥선군은 미치광이 흉내를 내며 권력과 거리를 두고 살았어요.

흥선 대원군과 명성 황후

조 대비는 흥선군의 둘째 아들 명복을 새 왕으로 세우겠다고 발표했어요. 바로 조선의 제26대 임금 고종이에요. 흥선군은 대원군이 되었고, 고종의 나이가 열두 살이었으므로 조 대비가 수렴청정을 했어요. 그러나 실제 나랏일을 도맡아 한 사람은 흥선 대원군이었어요. 흥선 대원군은 하루아침에 조선 최고의 권력자가 되어 조정의 신하들 앞에 등장했어요. 그동안 흥선 대원군을 무시하고 못살게 굴었던 안동 김씨들은 두려움에 떨 수밖에 없었지요.

서원을 닫고 탐관오리를 혼내 주었어요

흥선 대원군은 나라를 잘 다스리기 위해 고민했어요. 권력을 손에 넣자 고민했던 방법들을 하나씩 실천했지요. 가장 먼저 서원을 없앴어요. 원래 서원은 역사에 이름을 남긴 훌륭한 유학자를 기리고 인재를 양성하는 곳이었어요. 그러나 전국에 수백 개의 서원이 생겨났고 당파 싸움의 근거지 역할을 했어요. 서원은 나라에 세금 한 푼 내지 않았을 뿐 아니라 백성들의 재물을 빼앗고 마음대로 부려 먹는 등 엄청난 행패를 부렸어요.
흥선 대원군은 나라에서 인정한 47개를 제외한 나머지 서원을 없애 버렸고 저항하는 선비들에게는 큰 벌을 내렸어요.

흥선 대원군과 명성 황후

그리고 농민들만 내던 군포를 양반들에게도 거둬들였어요. 온갖 명목으로 거두던 세금을 간소하게 통일하여 백성들의 어려움을 해결해 주었어요. 또한 과거 시험을 여러 번 치러 당파와 상관없이 인재를 뽑았어요. 그와 반대로 전국에 관리를 보내 뇌물을 주고 원님이 된 탐관오리들을 조사하여 벼슬을 빼앗았어요. 흥선 대원군의 발 빠른 개혁은 백성들로부터 큰 지지를 받았어요.

경복궁을 다시 지었어요

조선의 여러 궁궐 가운데 으뜸 궁궐은 태조 때 지은 경복궁이었어요. 임진왜란이 일어나 한양의 많은 궁궐과 관아가 불에 탈 때 경복궁도 잿더미가 되었지요. 전쟁이 끝나자 임금들은 창덕궁을 다시 짓고 경희궁과 다른 궁궐을 새로 지으면서 경복궁은 그대로 두었어요. 경복궁은 300년 가까이 잡초가 우거진 폐허로 남아 있었어요. 무너져 가는 경복궁을 다시 짓겠다고 나선 사람이 흥선 대원군이었답니다.

흥선 대원군과 명성 황후

흥선 대원군은 왕권이 강해야 나라가 평화롭고 백성들이 잘 살 수 있다고 생각했어요. 그래서 모든 정책의 목적은 왕권 강화였고, 경복궁을 다시 짓는 이유도 마찬가지였어요. 문제는 경복궁을 지으려면 많은 돈과 노동력이 필요해 백성들을 괴롭게 한다는 점이었어요. 앞선 왕들이 경복궁을 짓지 못한 까닭도 백성들의 원망이 두려웠기 때문이에요. 많은 신하가 반대했으나 흥선 대원군의 고집을 꺾을 수 없었어요.

왕실의 권위가 바로 서려면 경복궁을 재건해야 돼.

원납전을 거둬들였어요

흥선 대원군은 경복궁 지을 돈을 마련하기 위해 높은 관리들과 왕족들에게 성금을 내도록 했어요. 그 돈을 '원납전'이라 해요. 10개월 만에 원납전이 500만 냥 가까이 모였고, 경복궁을 다시 짓는 공사가 시작되었어요.
그런데 1년 후 공사 현장에 큰불이 났어요. 짓고 있던 건물과 재료들이 불에 타 버려 어마어마한 손해가 났지요. 그러나 흥선 대원군은 한번 마음먹은 일을 꼭 해야만 하는 성격이었어요.

흥선 대원군과 명성 황후

더 이상 원납전을 내는 양반들이 없자 상민들에게 돈을 내라고 강요했어요. 한 푼이라도 더 거둬들이기 위해 여러 가지 명목으로 세금을 거둬들였지요. 그래도 돈이 부족하자 당백전이라는 새 화폐를 만들었어요. 당백전은 원래 사용하던 화폐보다 가치가 100배나 높았어요. 갑자기 등장한 당백전에 백성들은 거부감을 느꼈어요. 사용하는 사람이 거의 없으니 화폐 가치는 떨어졌고, 물가가 오르자 세상이 몹시 어수선해졌어요.

실록 배움터

우리 역사 속 대원군은 누가 있을까?

조선은 왕비가 낳은 큰아들이 왕위를 물려받는 것이 원칙이었어요. 왕이 아들 없이 죽으면 왕족들 가운데 인품이 훌륭한 사람을 골라 왕으로 삼았어요. 그런 왕의 아버지를 '대원군'이라고 해요.

조선의 첫 번째 대원군은 선조의 아버지 덕흥 대원군이에요. 명종에게는 순회 세자라는 아들이 딱 한 명 있었으나 일찍 죽었어요. 명종이 세상을 떠나자 덕흥군의 아들 선조가 왕이 되었고 덕흥군은 대원군이 되었지요.

두 번째 대원군은 인조의 아버지 정원 대원군이에요. 인조는 아버지를 왕으로 높여 원종이라는 시호를 올렸어요. 세 번째 대원군은 강화 도령 철종의 아버지인 전계 대원군이고, 조선의 마지막 대원군이 바로 고종의 아버지 흥선 대원군이지요. 앞선 세 명의 대원군과 달리 흥선 대원군은 살아 있을 때 아들이 왕위에 올랐고, 고종을 대신하여 나랏일을 하며 막강한 권력을 누릴 수 있었어요. 그래서 대원군이라고 하면 보통 흥선 대원군을 떠올리게 돼요.

서양 세력과의 싸움

이양선이 조선에 몰려왔어요

1830년대부터 서양 여러 나라의 배들이 무역을 요구하면서 조선에 접근하기 시작했어요. 조선 사람들이 보기에 서양의 배는 크고 모양이 이상했어요. 그래서 이양선이라 불렀지요. 1865년 북쪽의 러시아가 남쪽으로 밀고 내려왔어요. 천주교를 믿던 몇몇 신하들이 프랑스 신부를 통해 프랑스의 도움을 받아 러시아를 막아 내자고 건의했어요. 흥선 대원군은 곧 프랑스 신부들을 만나기로 약속했어요.

흥선 대원군과 명성 황후

그 당시 조선과 마찬가지로 중국 청나라도 영국, 프랑스, 미국, 러시아 등과 갈등을 겪고 있었어요. 강력한 무기를 앞세운 서양 세력들과 불평등한 조약을 맺을 수밖에 없었지요. 그런 사실은 청나라에 사신으로 다녀온 신하들에 의해 조선에 알려졌어요. 그런데 천주교를 반대하던 많은 신하들이 프랑스 신부를 끌어들이면 나라가 망할 것이라고 주장했어요. 흥선 대원군은 신하들의 의견을 무시할 수 없었어요.

프랑스 군대가 쳐들어왔어요

흥선 대원군은 서양의 배가 들어오는 것을 엄하게 금지했어요. 또한 천주교도들을 서양과 내통하는 무리라며 탄압했고, 조선에서 활동하던 서양 신부들을 죽이기까지 했어요. 1866년에는 미국의 제너럴셔먼호가 평안도 앞바다에 나타났어요. 미국 상인들은 총을 쏘며 행패를 부렸고 조선 백성 일곱 명이 죽었어요. 분노한 사람들은 제너럴셔먼호에 불을 질러 바닷속에 가라앉혀 버렸어요.

흥선 대원군과 명성 황후

두 달 뒤 프랑스 군함이 한강 입구에 나타났어요. 조선 조정이 천주교 신부들을 사형시킨 일에 대한 책임을 묻고 한강의 지형을 조사한 뒤 돌아갔어요. 얼마 후 프랑스 군함이 다시 나타난 곳은 강화도였어요. 프랑스군은 강화도 백성들을 죽이고 재물을 빼앗았어요. 뿐만 아니라 외규장각에 보관하고 있던 귀한 책과 유물들을 모조리 도둑질했어요. 프랑스군은 40일 동안 강화도를 쑥대밭으로 만들었고, 양헌수가 이끄는 군대와 싸우다 지고 돌아갔어요. 이 사건을 '병인양요'라고 해요.

미국이 무역을 요구했어요

병인양요 이후 1868년 독일 상인 오페르트가 충청도 덕산에 있는 대원군 아버지 남연군의 묘를 파헤친 사건이 일어났어요. 무덤 속에 있는 보물을 훔쳐 가려 한 것이지요.

1871년에는 미국이 군함을 이끌고 강화도를 침략했어요. 5년 전 조선이 제너럴셔먼호를 불태운 사건을 문제 삼아 조선의 문을 열고 조약을 맺으려는 속셈이었지요. 조선군은 광성보에서 미국 수군을 공격했어요. 뒤로 물러섰던 미국 함대는 초지진으로 침입하여 덕진진과 광성보를 무너뜨렸어요.

흥선 대원군과 명성 황후

광성보를 막고 있던 어재윤을 비롯한 많은 조선군이 죽거나 부상을 당했지요. 흥선 대원군은 조선 수군의 패배에도 당황하지 않고 더 강하게 밀고 나갔어요. 싸움이 길어질수록 조선에 유리하다고 판단했던 것이지요. 협상을 하자는 미국의 요구에 응하지 않았고, 전국에 서양과의 화의를 반대하는 척화비를 세웠어요. 미국 함대는 협상에 응하지 않는 것은 불법이라는 점을 조선 조정에 통보하고 돌아갔어요. 이 사건을 '신미양요'라고 해요. 신미양요 이후 조선은 나라의 문을 더 굳게 닫아걸었어요.

조선을 침범하는 양놈과 화친할 수 없다!

전국에 척화비를 세웠어요

병인양요 때 프랑스 군대가 강화도 외규장각에 불을 지르고 보물을 훔쳐 가는 것을 보고 흥선 대원군은 서양 세력들이 조선에 들어오려는 속셈을 분명히 깨달았어요. 그는 다음과 같은 글을 써서 전국에 널리 알렸지요.
"서양 세력들이 침입해 오는데 싸우지 않고 친하게 지내자고 주장하는 것은 나라를 팔아먹는 짓이며 결국 나라는 망하게 될 것이다."
흥선 대원군은 신미양요를 겪고 나서 통상 수교 거부 정책을 더욱 확실하게 굳혔어요.

★**통상 수교 거부 정책** 다른 나라와 무역을 하지 않는 정책이에요.

대원군의 강력한 의지가 느껴지는군.

척화비

흥선 대원군과 명성 황후

1871년에 흥선 대원군은 병인양요 때 쓴 글을 비석에 새기도록 하여 한양의 종로 네거리와 강화도, 경상도 동래, 함양, 부산진 등에 세우도록 했어요. 주로 서양 세력들이 침입하기 쉬운 곳이지요. 그 비석을 '척화비'라고 한답니다. 흥선 대원군의 통상 수교 거부 정책은 지방의 선비들에게 큰 영향을 끼쳤어요.

나라의 문을 닫는 것만이 능사가 아닐 텐데….

실록 놀이터

조선 후기에는 안동 김씨 세력을 등에 업은 탐관오리의 횡포가 점점 심해졌어요. 참다못한 백성들이 봉기를 일으켰어요. 두 그림에서 다른 부분 다섯 군데를 찾아 ○해 보세요.

권력을 빼앗은 민씨 세력

흥선 대원군을 몰아냈어요

고종의 왕비 민씨는 흥선 대원군 부인의 먼 친척이었어요. 외척이 권력을 잡는 것을 막기 위해 흥선 대원군은 일부러 가족이 없고 가난한 집안에서 며느리를 뽑았어요. 그러나 흥선 대원군의 바람과 달리 왕비 민씨는 욕심이 아주 많았어요. 어릴 때부터 글공부를 많이 했고 똑똑했으며 적극적인 성격이었지요.

민씨는 고종의 나이가 스물두 살이 되었는데도 계속 나랏일을 마음대로 하는 흥선 대원군을 점점 못마땅하게 여겼어요. 왕비 민씨는 아버지로부터 벗어나 나라를 직접 다스려야 한다고 고종을 설득했어요. 그리고 조정에 자기 세력을 만들기 위해 오빠 민승호의 벼슬을 높여 주었어요.

흥선 대원군과 명성 황후

마침 최익현이 흥선 대원군이 물러나야 한다는 상소를 올렸어요. 최익현은 고집스러운 성리학자로, 서원을 없애고 경복궁을 다시 지은 흥선 대원군의 정책을 반대하기도 했어요.
많은 신하가 최익현을 벌주라고 했지만, 고종은 그에게 더 높은 벼슬을 내렸어요. 결국 10년간 권력을 휘두른 흥선 대원군은 물러날 수밖에 없었지요.

운요호 사건이 일어났어요

1868년 일본은 메이지 유신을 통해 조선보다 먼저 나라를 새롭게 바꾸었어요. 서양의 과학 기술과 정치 제도를 재빨리 받아들여 짧은 시간 동안 엄청난 발전을 이루었지요.

그전부터 서양 여러 나라들은 막강한 힘을 이용하여 아시아와 아프리카의 약한 나라들을 침략했어요. 그리고 식민지로 삼은 뒤 자원을 빼앗고 사람들을 노예처럼 부려 먹었어요. 그런 강대국들을 '제국주의' 국가라고 해요.

흥선 대원군과 명성 황후

일본도 서양 제국주의 국가들처럼 가장 가까운 조선을 식민지로 삼기 위해 차근차근 준비해 나갔어요. 1875년, 일본 군대가 운요호라는 군함을 타고 부산으로 들어와 조선 관리에게 왜 일본과의 교류를 오랫동안 미루었는지 따졌어요. 일본 군함은 돌아가지 않고 조선의 해안가를 기웃거리며 염탐했지요. 강화도에 이르러서는 마실 물을 달라는 핑계로 조선군의 허락도 받지 않고 초지진으로 올라왔어요.
조선군이 돌아가라고 대포를 쏘자 일본군은 기다렸다는 듯 공격을 퍼부었어요. 낡고 오래된 조선의 대포로 일본군의 최신식 무기를 당할 수 없었지요. 일본군은 조선군에 큰 피해를 입히고 자기 나라로 돌아갔어요.

★**식민지** 다른 나라의 지배를 당하는 나라를 말해요.

일본과 불평등한 조약을 맺었어요

다음 해 일본군은 다시 군대를 이끌고 부산항에서 시위를 벌인 뒤 강화도로 올라왔어요. 조선 수군이 운요호를 공격한 사실을 트집 잡아 조선에 조약을 맺자고 강요했어요. 두려움을 느낀 조선의 신하들은 고종에게 일본과 조약을 맺어야 한다고 주장했어요. 왕비 민씨 세력도 자기들의 권력을 유지하기 위해서는 나라의 문을 여는 것이 좋겠다고 판단했어요. 1876년, 조선은 일본과 최초로 강화도 조약을 맺었어요.

★**조약** 나라 사이의 교류를 문서를 통해 정식으로 약속하는 것을 뜻해요.

뭐야? 결국 일본에 유리한 조약이잖아.

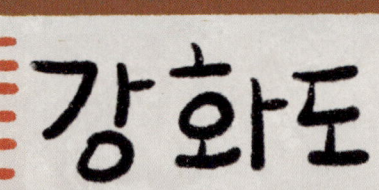

흥선 대원군과 명성 황후

조약은 강화도 연무당에서 이루어졌어요. 조선 대표는 신헌, 일본 대표는 구로다 기요타카였지요. 얼핏 보면 평등한 것 같지만 대부분 일본에 유리하고 조선에 불리한 조약이었어요. 조약의 중요한 내용을 정리하면 다음과 같아요.

"조선은 자주 국가로서 일본과 똑같은 권리를 갖는다. 조선은 부산을 비롯한 두 항구의 문을 연다. 일본은 조선의 해안을 조사할 수 있고, 일본인이 범죄를 저지르면 일본에서 재판을 받는다."

외국에 사절단을 보냈어요

일본과 조약을 맺은 뒤 조선의 권력자들은 더 이상 나라의 문을 닫고 있을 수 없다고 생각했어요. 또한 스스로 변화하지 않으면 나라를 빼앗길 수 있다는 사실을 깨달았지요. 세계 강대국에 적극적으로 맞서기 위해 1880년에 '통리기무아문'이라는 새로운 기구를 만들었어요. 또한 나라를 지키려면 군대와 무기를 강화해야 했어요. 이듬해에는 일본에 사신으로 다녀온 무관 윤웅렬을 시켜 별기군이라는 신식 군대를 만들도록 했어요.

흥선 대원군과 명성 황후

조선 조정에서는 서양 문물을 배우기 위해 젊고 똑똑한 인재들을 뽑아 일본에 신사 유람단을, 청나라에 영선사를 보냈어요. 신사 유람단은 일본의 앞선 정치와 경제, 군사 제도를 잘 살피고 보고서를 꼼꼼하게 작성하여 조정에 바쳤어요. 영선사는 청나라에 들어온 서양 강대국들의 무기와 과학 기술 등을 배워 조선에 전했어요. 이들의 활약으로 조선에는 개화를 주장하는 목소리가 더욱 커졌어요.

나라의 문을 활짝 열었어요

조선은 일본과 강화도 조약을 맺은 뒤, 서양의 여러 나라들에 문을 활짝 열었어요. 가장 먼저 조약을 맺은 나라는 미국이었어요. 1882년에 조선과 미국은 '조미 수호 통상 조약'을 맺었어요. 조약의 첫머리에 두 나라가 다른 나라에 괴롭힘을 당하면 서로 힘을 모아 도와준다는 내용이 있었어요. 고종은 미국을 청나라를 대신해 조선을 도와줄 수 있는 크고 든든한 나라로 여겼지요. 그래서 철도, 전기, 금광 등 중요한 산업을 미국에 맡겨 큰 이익을 볼 수 있게 해 주었어요.

흥선 대원군과 명성 황후

일본과 미국에 나라의 문을 연 조선은 영국, 독일, 프랑스, 러시아와 차례로 조약을 맺었어요. 그들의 목적은 조선에서 자기 나라의 이익을 최대한으로 차지하는 것이었어요. 조약의 내용을 일본과 똑같이 해 달라고 요구했고, 조약 기간을 10년으로 크게 늘렸어요. 공통점은 조선에 매우 불평등한 조약이라는 것이었지요.

인천항과 원산항, 부산항을 통해 일본과 서양 여러 나라의 배들이 수시로 드나들자 조선에도 변화의 바람이 불어오기 시작했어요.

실록 배움터

흥선 대원군과 명성 황후는 왜 사이가 멀어졌을까?

처음부터 흥선 대원군과 왕비 민씨 사이가 나빴던 것은 아니에요. 두 사람의 관계가 멀어진 것은 세자를 정하는 문제 때문이었어요.
고종은 첫째 아들 완화군을 왕비가 아닌 귀인 이씨라는 후궁에게서 얻었어요. 흥선 대원군은 완화군을 끔찍이 아끼고 사랑했어요. 곧이어 왕비 민씨도 아들을 낳았으나 태어나자마자 곧바로 죽었어요. 그러자 흥선 대원군은 서둘러 완화군을 세자로 삼고 싶어 했어요.

권력에 대한 욕망이 누구보다 큰 왕비 민씨는 속으로 부글부글 끓었어요. 게다가 왕비 민씨가 두 번째 아들을 낳았는데 특이하게 항문이 없었어요. 흥선 대원군은 아이를 위해 귀한 인삼을 보냈어요. 그런데 인삼 달인 물을 먹은 아이가 높은 열에 시달리다가 그만 목숨을 잃고 말았지요.

슬픔에 잠긴 왕비 민씨는 흥선 대원군을 의심했어요. 완화군을 세자로 삼으려고 일부러 독이 든 인삼을 보냈다고 생각한 것이지요. 이후 시아버지인 흥선 대원군에 대한 분노가 커져 사이가 더 멀어지게 되었답니다.

명성 황후에 반대하는 사람들

선비들이 위정척사를 주장했어요

조선이 나라의 문을 열고 새로운 문물을 받아들여야 한다고 주장한 사람들을 개화파라고 해요. 개화파는 조선 후기 실학자인 연암 박지원의 손자 박규수의 제자들이었어요. 외국의 과학 기술과 지리와 관련된 책을 함께 공부했고, 신사 유람단이 되어 일본에 가서 앞선 문물을 배워 왔어요.
특히 김홍집은 일본에서 〈조선책략〉을 들여와 큰 반발을 불러일으켰어요. 〈조선책략〉은 청나라 사람이 지은 책으로, 러시아가 남쪽으로 내려오는 것을 막기 위해 조선은 청나라와 일본과 가까이 지내야 한다는 내용이었지요.

흥선 대원군과 명성 황후

일본과의 조약을 반대하던 선비들은 더 이상 개화파를 두고 볼 수 없었어요. 그런 선비들을 옛것을 지키는 무리라는 뜻으로 수구파라고 불러요. 수구파는 조선의 문을 여는 것은 대대로 전해 내려온 우수한 전통을 파괴하고 나라를 오랑캐에게 내주는 짓이라고 비판했어요. 개화파가 〈조선책략〉을 들여와 소개하자 수구파의 분노는 폭발했어요. 전국에서 벌 떼처럼 들고일어나 궁궐 앞에서 상소를 올리고 시위를 벌였지요. 이러한 수구파의 움직임을 '위정척사 운동'이라 해요.

바른 것을 위해 잘못된 것을 물리쳐야 합니다.

구식 군대의 군인들이 난을 일으켰어요

강화도 조약 이후 왕비 민씨 세력은 일본의 군대를 본떠 새로운 군대를 만들도록 했어요. 일본에서 들여온 신식 무기로 무장한 새 군대를 별기군이라 했지요. 별기군은 구식 군대에 속한 군인들보다 봉급도 많고 높은 대우를 받았어요. 구식 군인들의 마음속에 개화파와 왕비 민씨 세력에 대한 불만이 쌓였어요. 또한 왕비 민씨 세력은 안동 김씨들 못지않게 세도를 부리며 백성들을 힘들게 했어요.

흥선 대원군과 명성 황후

1882년 6월, 구식 군대 군인들의 분노가 폭발했어요. 봉급으로 쌀을 받았는데 양이 적었을 뿐 아니라 모래가 섞여 있었거든요. 마침 군사들의 봉급을 담당하는 선혜청의 책임자는 왕비 민씨의 친척인 민겸호였어요. 군인들은 민겸호를 잡아서 죽이고 집에 불을 질렀어요. 별기군과 왕비 민씨 세력을 원망하던 구식 군인들은 개화파 신하들을 죽이고 궁궐로 달려갔어요. 왕비 민씨를 끌어내리고 다시 흥선 대원군이 권력을 잡기를 바랐지요. 이 사건을 '임오군란'이라고 한답니다.

명성 황후가 궁궐 밖으로 달아났어요

아무도 성난 군인들을 막을 수 없었어요. 군인들은 궁궐 안으로 들어가 왕비 민씨를 찾아다녔어요. 잡히기만 하면 당장이라도 죽일 기세였지요. 왕비 민씨는 얼른 궁녀의 옷으로 갈아입고 무예별감★ 홍계훈의 도움을 받아 무사히 궁궐을 빠져나왔어요. 그리고 경기도 여주를 거쳐 장호원 민응식의 집으로 달아났지요. 민응식은 왕비 민씨의 먼 친척이었어요. 왕비 민씨는 민응식의 집에 머무르며 궁궐로 돌아갈 방법을 궁리했어요.

★**무예별감** 궁궐에서 왕을 호위하는 일을 맡아보던 관리예요.

흥선 대원군과 명성 황후

나라의 권력은 흥선 대원군의 손에 들어갔어요. 그런데 임오군란을 핑계로 일본 군대와 청나라 군대가 조선에 들어왔어요. 청나라 관리들은 대원군이 군사들을 움직여 임오군란을 일으켰다고 생각했어요. 또한 개화에 적극적인 왕비 민씨가 자기 나라에 이롭다고 판단했지요. 그래서 청나라 군대를 방문한 대원군을 납치하여 강제로 배에 태워 톈진으로 압송했어요. 대원군은 3년 동안 청나라 도읍인 북경 남쪽에서 갇혀 살았어요.

개화파가 권력을 잡았어요

왕비 민씨는 청나라 군대의 도움을 받아 궁궐로 돌아왔어요. 청나라를 전적으로 의지하며 따를 수밖에 없었지요. 민씨 세력과 달리 개화파들은 일본과 가깝게 지내고 있었어요. 조선보다 먼저 근대화를 이룬 일본의 도움을 받아야 나라를 발전시킬 수 있다고 생각했지요. 개화파는 민씨 세력이 자신들의 요구를 받아들이지 않자, 일본 군대의 도움을 받아 무력으로 나라를 바꾸기로 마음먹었어요.

청나라로부터의 독립과 조선의 개화를 위하여!

흥선 대원군과 명성 황후

잔칫날에 갑자기 무슨 일이야?

1884년, 개화파는 우정총국★이 문을 여는 잔칫날 큰 사건을 벌였어요. 먼저 개화파는 왕의 명령이라며 수구파들을 우정총국으로 불러들였어요. 그런 뒤 근처 북쪽 민가에 불을 지르고, 놀라서 달려 나온 수구파 대신들을 죽였어요. 그리고 고종과 왕비 민씨를 창덕궁에서 경우궁으로 피신시키고 14개조의 개혁안을 발표했지요. 개화파가 무력으로 권력을 잡고 조선을 새롭게 바꾸려 했던 이 사건을 '갑신정변'이라고 해요.

★**우정총국** 우체국 업무를 담당하던 관아예요.

청나라와 일본의 군대가 철수했어요

개화파의 갑신정변은 3일 만에 실패로 끝났어요. 청나라 군대가 궁궐을 에워싸고 개화파를 돕던 일본군을 공격하여 고종과 왕비 민씨를 데려갔어요. 일본은 개화파를 끝까지 돕겠다는 약속을 지키지 않았어요. 수많은 개화파가 청나라군에게 목숨을 잃었고, 김옥균과 서재필 등 몇 명만 겨우 살아남아 일본과 미국으로 달아났어요. 갑신정변이 실패하자 개화의 움직임이 끊어졌고, 조선은 더 이상 앞으로 나아갈 수 없었어요.

일본은 자기 나라 공사관이 조선 사람들 때문에 불에 탔다며 고종에게 보상을 요구했어요. 그리고 공사관과 일본 사람들을 보호하기 위해 군대를 계속 주둔시키겠다고 했지요. 일본과 청나라는 서로 눈치를 보다가 1885년에 톈진 조약을 맺고 조선에서 동시에 군대를 철수하기로 했어요. 만약 두 나라 가운데 한 나라가 약속을 지키지 않으면 다른 나라도 즉시 군대를 보내겠다는 내용이었지요.

실록 놀이터

조선은 일본과 강화도 조약을 맺은 뒤 나라의 문을 열었어요. 아래 그림을 보고 일어난 순서대로 번호를 적고, 빈칸에 자신만의 이야기를 만들어 보세요.

조선은 나라의 문을 열고 나서 강대국에 맞설 준비를 제대로 하지 않았어요. 갑신정변 이후 개화의 움직임마저 끊어지자 다시 우물 안 개구리가 되었지요. 나라 안에는 왕비 민씨 세력을 등에 업은 탐관오리들이 들끓었고, 그에 맞서 백성들은 봉기를 일으켰어요.

혼란스러운 틈을 타 여러 강대국들이 호시탐탐 조선을 노렸어요. 가장 크게 욕심을 드러낸 나라는 일본이었어요. 일본은 조선을 차지하기 위해 차근차근 준비했고, 다른 나라와의 전쟁도 서슴지 않았답니다.

강대국의 전쟁터가 된 조선

우리나라는 우리 힘으로

동학의 세력이 커졌어요

동학을 창시한 최제우는 죽기 전에 자신의 뒤를 이을 사람을 미리 정해 놓았어요. 바로 포항에 사는 최시형이었어요. 최시형은 스승인 최제우로부터 동학의 가르침을 열심히 배웠어요. 배운 것은 반드시 실천으로 옮겼고 경상도 곳곳을 돌아다니며 동학을 널리 퍼뜨렸어요. 최제우가 죽은 뒤 제2대 교주가 된 최시형은 경상도 영양의 용화동에 터를 잡고 동학을 다시 일으켜 세우기 위해 엄청난 힘을 쏟았어요.

강대국의 전쟁터가 된 조선

백성들의 봉기가 계속 일어나자 조정에서 군대를 보내 동학을 억압했어요. 최시형은 소백산으로 달아났다가 충청도와 강원도 지방을 중심으로 동학을 널리 알리고 신도들을 모았어요. 그리고 동학의 경전인 〈용담유사〉와 〈동경대전〉을 더 많은 사람이 볼 수 있도록 활자로 인쇄하여 펴냈지요. 동학의 세력이 커지자 최시형은 충청도 보은으로 터전을 옮겨 스승 최제우의 억울함을 풀어 달라는 집회를 열고 상소를 올리기도 했어요.

조병갑에게 항의하던 농민들이 죽었어요

동학을 믿는 사람들이 계속 늘어난 것은 탐관오리에 시달린 농민들이 많았기 때문이에요. 특히 전라도 고부 군수 조병갑은 악독하기로 유명했어요. 이곳저곳 다니며 백성들을 괴롭히다, 논밭이 넓고 빼앗을 것도 많은 고부의 원님이 되었지요. 조병갑은 온갖 구실을 만들어 세금을 거두어들였어요. 부유한 농민들에게는 죄를 뒤집어씌워 땅과 재물을 빼앗기도 했지요. 몇몇 농민들이 그의 횡포를 견디다 못해 관가로 찾아가 항의했어요.

강대국의 전쟁터가 된 조선

조병갑은 농민들을 매질하여 죽게 만들었어요. 그 가운데 동학의 우두머리인 전봉준의 아버지도 있었어요. 뿐만 아니라 조병갑은 농사짓느라 바쁜 농민들을 불러다 만석보라는 저수지를 고치게 하고 필요도 없는 저수지를 새로 팠어요. 농민들에게 강제로 저수지의 물을 사용하게 한 뒤 엄청나게 비싼 물값을 받았어요. 또한 자기 아버지를 기리는 비석을 세우겠다며 큰돈을 걷기도 했지요. 농민들의 분노는 걷잡을 수 없이 끓어올랐어요.

동학을 믿는 농민들이 봉기를 일으켰어요

탐관오리에 대항하여 백성들이 봉기를 일으키려면 지도자가 필요했어요. 동학의 전라도 지역 접주인 전봉준은 농민들을 대표하는 지도자로서 조병갑에게 두 번이나 잘못을 바로잡으라고 건의했어요. 하지만 조병갑은 전봉준의 의견을 무시했고 들은 체하지 않았어요. 전봉준은 다른 접주들과 함께 각 마을에 사발통문을 돌렸어요.

★**접주** 동학의 집회소나 교구를 이끄는 우두머리를 말해요.
★**사발통문** 종이에 사발을 엎고 참가자들의 이름을 빙 둘러서 적은 글이에요.

강대국의 전쟁터가 된 조선

사발통문의 내용은 고부 관아를 때려 부수고 조병갑을 죽이는 것, 관아의 무기 창고를 점령하는 것, 원님을 도와 백성들을 괴롭힌 아전들에게 벌을 주는 것, 전주성을 빼앗고 한양으로 올라가는 것이었어요.

1894년 1월, 전봉준과 농민군은 한 손에 농기구를 다른 손에는 횃불을 높이 들고 고부 관아로 쳐들어가 창고 문을 열어 가난한 백성들에게 곡식을 나눠 주었지요. 조병갑은 이미 전주성으로 달아난 뒤였어요.

전주성을 점령했어요

조병갑은 전라 감사에게 동학을 믿는 농민들이 봉기를 일으켰다고 알렸어요. 전라 감사가 조정에 사실을 보고했고 조병갑의 잘못이 크다는 것이 밝혀졌어요. 조병갑은 벼슬에서 쫓겨났고 이용태가 안핵사로 내려왔어요. 그런데 이용태는 봉기를 일으킨 농민들에게 더 큰 잘못이 있다면서 동학을 믿는 신도들을 잡아다가 모질게 고문했어요.

★**안핵사** 지방에서 벌어진 큰일을 해결하라고 조정에서 보낸 관리예요.

강대국의 전쟁터가 된 조선

전봉준은 전라도 무장에서 탐관오리를 몰아낸 뒤 나라를 구하고 백성을 편안히 살게 하자는 내용의 글을 발표했어요. 주변 고을의 백성들이 크게 환영했고 열흘 만에 수만 명의 농민이 모였어요. 무장에서 본격적으로 시작된 백성들의 봉기는 백산으로 옮겨 갔어요. 농민군은 황토현에서 조정에서 보낸 관군과 싸워 큰 승리를 거두었고 정읍 관아를 빼앗았어요. 전라도 여러 고을을 점령한 농민군은 전주성까지 차지했답니다.

청나라와 일본 군대가 끼어들었어요

전라도를 완전히 장악한 동학 세력은 충청도와 경기도를 넘어 북쪽까지 뻗어 나갔어요. 동학의 주장도 탐관오리를 뿌리 뽑고 나라를 지키는 것에서 농민을 위해 토지 제도를 바꾸고 신분 차별을 없애는 쪽으로 변화했지요. 이러한 주장은 갑신정변 때 개화파의 개혁안보다 앞서 나간 것이었어요. 그 무렵 청나라 군대가 충청도 아산만으로 들어왔어요. 이미 조선 조정은 동학 농민군이 전주를 점령했을 때 청나라에 도움을 요청한 상태였어요.

강대국의 전쟁터가 된 조선

청나라가 조선으로 군대를 보내자 일본도 톈진 조약에 따라 바로 군대를 들여보냈어요. 조선에 살고 있는 일본인들을 보호한다는 구실을 덧붙였지요. 조선을 노리는 나라는 일본만이 아니었어요. 일본은 청나라를 몰아낸 뒤 서양 강대국들보다 먼저 조선을 차지하려고 발 빠르게 움직였어요. 그 소식을 들은 전봉준은 가만있을 수 없었어요. 두 나라가 조선 땅에서 전쟁을 벌이면 우리 백성들이 피해를 입는 것은 불을 보듯 뻔했어요.

전주 화약을 맺었어요

전봉준은 탐관오리를 뿌리 뽑고 외국 상인들이 조선에 함부로 들어오는 것을 막아 달라는 개혁안을 전라 감사에게 보냈어요. 특히 일본이 조선에서 쌀을 헐값에 사 갔기 때문에 수많은 백성이 굶주리는 형편이었지요.
조정에서 보낸 관군과 대치하던 농민군은 청나라와 일본이 조선에서 전쟁을 일으킬까 봐 걱정되었어요.

농민군은 개혁안을 받아들이면 해산하겠다고 제안했고, 조정에서 이를 받아들였어요. 1894년 5월, 동학 농민군의 지도자 전봉준과 조정의 관리가 싸움을 끝내기로 약속하는 전주 화약을 맺었어요.

농민군들은 고향으로 돌아갔으나 고을의 기강이 무너져 엉망이었어요. 전라 감사는 전봉준을 불러 도움을 청했고, 곧 전라도 53개 고을에 농민들이 직접 참여하는 집강소가 세워졌어요. 억울한 일을 당한 백성은 집강소에 호소하여 문제를 해결하게 되었지요.

청일 전쟁이 일어났어요

일본은 두 나라의 군대를 그대로 둔 채 조선을 함께 개혁하자고 청나라에 제안했어요. 청나라가 거절하자 일본은 청나라와 교류를 끊겠다는 편지를 보냈어요. 청나라는 그 사실을 미국과 러시아에 알려 일본군을 막아 달라고 부탁했어요. 그러나 일본은 미국과 러시아의 요구를 듣지 않았어요. 군대를 보내 경복궁을 차지한 뒤 조선의 정치에 간섭하기 시작했지요. 그리고 청나라에 선전 포고하듯 교류를 끊겠다는 두 번째 편지를 보냈어요.

강대국의 전쟁터가 된 조선

일본군이 경기도 앞바다 풍도에서 청나라 군대를 기습 공격하며 전쟁이 시작되었어요. 일본군은 충청도 아산과 평안도 평양에서 청나라군을 크게 물리치고 만주까지 치고 올라갔어요. 결과는 일본의 승리로 끝났으나, 두 나라의 전쟁으로 피해를 당한 쪽은 조선이었어요.
청일 전쟁 이후 조선은 일본의 극심한 간섭을 받게 되었어요. 청나라도 일본에 엄청난 배상금을 물어 줘야 했지요.

갑오개혁을 실시했어요

경복궁을 점령한 일본은 청나라와 가까운 왕비 민씨 세력을 몰아냈어요. 그 대신 흥선 대원군을 허수아비처럼 세워 놓고 제멋대로 조선의 개혁을 서둘렀어요. 먼저 개화파 김홍집을 중심으로 하는 군국기무처를 만들어 개혁의 중심 기구로 삼았어요. 개화파는 서양 강대국과 일본을 본받아 나라를 새롭게 발전시키고자 했어요.

강대국의 전쟁터가 된 조선

개혁안의 내용은 왕의 권한을 크게 줄이고 나랏일과 관련된 법과 조직을 일본식으로 바꾸는 것이었어요. 과거 제도를 없애고 높은 대신들이 관리를 새로 뽑도록 했어요. 신분 차별을 금지하고 노비 제도를 없앴으며 남편을 잃은 과부도 다시 혼인할 수 있도록 했지요.

일본에 의해 이루어진 갑작스러운 변화가 못마땅했던 흥선 대원군은 남몰래 일본의 반대 세력과 손잡고 개혁을 막으려 했지요. 그러자 일본은 흥선 대원군을 내쫓고 갑신정변 때 살아남은 개화파를 중요한 자리에 앉혔어요.

우금치에서 동학 농민군이 패했어요

일본의 간섭이 심해지자 전봉준이 이끄는 동학 농민군은 전라도 삼례에서 다시 봉기를 일으켰어요. 그때까지 충청도에서 활동하던 최시형은 동학을 농민 봉기에 이용한다며 전봉준을 비판했지요. 그러나 일본이 조선 백성들을 괴롭히고 더 나아가 나라를 빼앗으려 하자 가만히 있을 수 없었어요. 최시형의 지시에 따라 손병희가 이끄는 충청도 동학교도와 전봉준이 이끄는 전라도 동학교도가 함께 공주성으로 올라갔어요.

강대국의 전쟁터가 된 조선

동학 농민군이 한데 모였다는 소식이 조정에 전해졌고 일본군의 귀에도 들어갔어요. 동학군은 충청도 세성산에서 조선 관군과 일본의 연합군을 만나 전투를 벌였으나 패하고 말았어요. 농민으로 이루어진 동학군이 최신식 무기를 사용하고 잘 훈련받은 일본군에 맞서는 것은 무리였지요. 동학군은 공주성 남쪽 우금치에서 일본군에 맞서 치열한 전투를 벌였어요. 만 명이 넘는 동학 농민군 가운데 살아남은 사람은 500명 남짓이었고, 접주들이 관군에 붙잡히자 뿔뿔이 흩어지고 말았답니다.

실록 배움터

전봉준은 어떻게 되었을까?

전봉준은 우금치 전투에서 패한 뒤 남쪽으로 달아났어요. 조선의 관리와 군인들에게 함께 힘을 합쳐 일본을 몰아내야 한다고 진심으로 호소했지요. 하지만 전봉준의 말에 귀 기울인 사람은 없었어요. 일본군에게 쫓겨 내려간 전봉준은 전라도 장성을 거쳐 순창 피노리라는 곳에 몸을 숨겼어요. 그런데 부하였던 김경천이 관아에 고해바쳐서 안타깝게도 붙잡히고 말았지요. 나주 감옥에 갇혀 있다가 정식 재판을 받기 위해 한양으로 올라갔답니다.

==전봉준은 감옥에 갇혔을 때 조금도 기죽지 않고 관리들을 호통치며 꾸짖은 것으로 유명해요.== 또 일본 사람들이 자기들 편에 서면 돈과 높은 벼슬을 주겠다고 구슬렸으나 끄떡도 하지 않았어요. 재판정에서도 자기 행동이 옳다는 것을 큰 소리로 당당하게 주장했지요. 그 모습을 지켜본 일본 사람들은 전봉준을 존경하게 되었어요. 1895년, 전봉준은 뜻이 같은 사람들과 형장에서 삶을 마쳤어요. 비겁하게 살아남기보다 떳떳한 죽음을 택한 것이지요.

어두운 조선의 새벽

일본이 명성 황후를 죽였어요

일본은 강대국들로부터 보호해 주겠다며 조선의 정치에 더 깊숙이 끼어들었어요. 왕비 민씨는 일본에 나라를 빼앗길 수도 있다는 불안감을 느꼈어요. 그리고 일본에 맞서 조선을 지켜 줄 나라는 러시아라고 생각했지요. 왕비 민씨는 일본과 가까운 신하들을 내쫓고 러시아와 친한 신하들로 새로운 정부를 만들었어요. 조선을 식민지로 삼으려는 일본의 오랜 계획이 물거품이 될 수도 있게 되자 일본은 왕비 민씨를 없애기로 마음먹었어요.

강대국의 전쟁터가 된 조선

1895년 8월, 일본 공사* 미우라는 자객들을 경복궁으로 들여보냈어요. 경복궁을 지키던 군사들과 앞을 가로막는 신하들을 죽인 뒤 거침없이 궁궐 안으로 밀고 들어갔어요. 자객들은 건청궁 옥호루에 있던 왕비 민씨와 많은 궁녀들을 잔인하게 죽였어요. 이 끔찍한 사건을 '을미사변'이라고 한답니다. 미국과 러시아 등 다른 나라들이 비난하자 일본은 미우라와 자객들을 불러들여 재판하는 척했어요. 그러나 이듬해 증거가 부족하다며 모두 풀어 주었지요.

★**공사** 나라를 대표하여 외국에 파견된 사람이에요.

상투를 자르라고 강요했어요

왕비 민씨가 죽자 조선 조정은 일본과 가까운 친일파의 차지가 되었어요. 친일파들은 고종을 대놓고 무시했어요. 고종은 언제 일본의 손에 죽을지 몰라 밤낮 두려움에 떨었어요. 조선은 일본의 뜻에 따라 개혁해야 했지요. 음력 대신 양력을 사용하게 되었고, 종두법★을 실시했어요. 가장 참을 수 없는 것은 상투를 자르는 단발령이었어요. 조선 사람들은 머리카락을 부모로부터 물려받은 것이라 여겨 함부로 자르지 않았어요.

★**종두법** 천연두를 예방하기 위하여 백신을 맞는 것이에요.

강대국의 전쟁터가 된 조선

일본은 고종과 세자부터 상투를 자르라고 강요했어요. 거역하는 사람은 죽이겠다고 군대를 보내 협박하기도 했지요. 고종은 할 수 없이 상투를 자르고 양복을 입었어요. 그리고 다음과 같이 전국에 단발령이 내려졌어요.
"머리를 자르는 일은 일할 때 편하고 살아가는 데 이롭다. 임금께서 나라의 변화와 발전을 위해 먼저 모범을 보이셨으니 우리 백성들은 머리와 옷차림을 바꾸도록 하자."

전국에서 의병이 일어났어요

단발령을 내리자 많은 신하가 반대 상소를 올렸어요. 양반들은 물론이고 농민들도 단발령을 거부했어요. 단발령은 백성들의 엄청난 분노를 불러일으켰어요. 게다가 왕비 민씨가 일본 자객들에게 목숨을 잃었다는 사실이 뒤늦게 밝혀졌어요. 백성들은 조선의 왕비가 다른 나라 자객들에게 목숨을 잃었다는 사실에 큰 충격을 받았어요.

강대국의 전쟁터가 된 조선

1895년 10월, 전국에서 의병이 일어나 일본의 앞잡이 역할을 하는 조선 조정을 공격했는데 그들을 '을미의병'이라 해요. 제천의 선비 유인석이 이끌던 의병 부대가 가장 규모가 크고 강력했어요. 의병들은 관아를 공격하여 개화파 관리들을 잡아 죽였고, 일본군 부대를 공격하여 피해를 입히기도 했어요. 그러나 보잘것없는 무기와 훈련 부족, 신분 제도를 강조하는 양반 지도자들의 케케묵은 사고방식 때문에 오래가지 못했답니다.

고종이 러시아 공사관으로 달아났어요

온 나라가 일본에 반대하는 의병으로 들끓는 사이 친러파 신하들이 조용히 일을 꾸몄어요. 러시아 공사를 찾아가 조선에 러시아 군대를 보내 달라는 것이었지요. 그러나 러시아는 자기 나라 내부의 일로 일본과 전쟁을 치를 형편이 아니었어요. 고종의 마음속에는 언제 일본의 손에 죽을지 모른다는 두려움이 점점 커지고 있었어요. 고종은 친러파 신하 이범진을 시켜 러시아 공사관으로 몸을 피하겠다는 편지를 보냈어요.

"궁궐인지 감옥인지 모르겠군."

강대국의 전쟁터가 된 조선

러시아 정부는 고종의 뜻을 받아들여 군함을 파견했어요. 인천 제물포항에 도착한 러시아군 100여 명이 러시아 공사관으로 움직였어요. 새벽 무렵 이범진은 궁녀들이 쓰던 가마에 고종과 세자를 태워 러시아 공사관으로 데리고 갔지요. 고종은 곧이어 친일파 신하들을 처단하라는 명을 내렸어요. 광화문 앞에서 붙잡힌 친일파 대신 김홍집 등은 백성들의 손에 목숨을 잃었어요. 친일파의 자리를 이번에는 친러파가 차지했지요. 고종이 러시아 공사관으로 달아난 사건을 '아관 파천'이라고 해요.

독립 협회를 만들었어요

조선 조정의 가장 큰 문제는 다른 나라를 의지하는 것이었어요. 모든 강대국이 말로는 조선을 보호해 주겠다고 했지만 진짜 속셈은 자기 나라의 이익이었어요. 아관 파천 3개월 후, 러시아는 조선의 나랏일을 공동으로 처리하기로 일본과 약속했어요. 조선 조정은 아무것도 모르고 있었지요. 그와 달리 갑신정변 때 살아남은 개화파들이 물밑 작업을 진행하고 있었어요.

우리나라 최초의 민간 신문이오~.

강대국의 전쟁터가 된 조선

서재필은 조선의 독립을 주장하며 1896년 4월 〈독립신문〉을 펴내고, 7월에 독립 협회를 만들었어요. 그리고 백성들의 돈을 모아 영은문이 있던 곳에 독립문을 세웠어요. 〈독립신문〉에 따르면 독립문을 만든 까닭은 조선의 영원한 자주독립의 뜻을 후세에 전하는 것이었어요. 하지만 독립 협회도 강대국의 속셈을 완전히 파악하지는 못했어요.

★**영은문** 중국 사신을 맞이하던 문으로, 서대문 북쪽에 있었어요.

독립문에는 자주독립을 염원한 온 국민의 마음이 담겨 있지.

힘없는 나라

대한 제국을 선포했어요

고종은 러시아 공사관에서 1년 동안 숨어 지냈어요. 그러자 하루빨리 궁궐로 돌아오라는 백성들의 상소가 빗발쳤어요. 고종은 왕비 민씨를 잃은 경복궁으로 돌아가고 싶지 않았어요. 그래서 러시아 공사관에서 가까운 경운궁에 건물을 지어 사용하기로 했지요.

신하들은 고종에게 조선을 황제의 나라로 바꾸자고 했어요. 왕이 다스리는 조선이 중국과 똑같이 황제의 나라가 되면 다른 나라의 간섭을 받지 않을 거라고 생각했기 때문이에요. 먼저 고종은 연호를 광무로 정했어요. 연호를 사용한다는 것은 황제의 나라이자 독립된 나라라는 의미랍니다.

★**연호** 한 임금이 다스리는 기간에 붙인 이름이에요.

강대국의 전쟁터가 된 조선

1897년 10월, 고종은 원구단에서 황제의 자리에 오르는 의식을 치렀어요. 그리고 나라 이름을 대한 제국이라 했지요. 하지만 왕의 나라에서 황제의 나라로 바뀌었다고 국력이 강해진 것은 아니었어요. 또한 독립 협회 등 의회 국가를 만들고자 한 세력들과의 갈등을 피할 수 없었어요.

★**의회 국가** 국민이 선거로 대표를 뽑아서 나랏일을 결정하는 나라를 뜻해요.

앞으로는 예부터 우리를 가리키는 한(韓)을 써 대한 제국이라 한다.

만민 공동회가 열렸어요

고종은 친러파들의 뜻에 따라 러시아에 부산의 절영도라는 섬을 빌려주려 했어요. 또한 대한 제국의 군대와 나라 살림을 꾸리는 데 러시아의 도움을 받으려 했지요. 독립 협회는 나라의 이익이 러시아를 비롯한 강대국에게 넘어가는 것을 적극적으로 반대했어요.
독립 협회는 1898년 3월부터 서울 시민들을 불러 모아 열띤 토론을 펼쳤어요. 자유로운 토론을 통해 조선 조정과 강대국에 대한 불만을 이끌어 냈지요. 양반, 농민, 상인, 학생 등 다양한 사람들이 모여 만민 공동회라 불렀어요.

강대국의 전쟁터가 된 조선

만민 공동회는 약 1년 동안 34회나 열렸어요. 토론의 주제는 외국 세력에 대한 비판과 자유로운 독립 국가를 만드는 것이었어요. 만민 공동회는 러시아가 대한 제국에 세력을 넓히지 못하도록 막는 중요한 역할을 했지요. 그러나 독립 협회가 갑신정변 때 반역자로 몰려 일본으로 달아났던 박영효를 지지하자 참여했던 사람들의 마음이 돌아섰어요. 그 틈을 노려 고종과 친러파들은 군대와 보부상 단체인 황국 협회를 앞세워 만민 공동회와 독립 협회를 해산시켜 버렸답니다.

러일 전쟁이 일어났어요

러시아와 일본은 대한 제국을 서로 자기의 식민지로 만들고 싶어 했어요. 러시아는 식민지를 찾아서 남쪽으로 내려왔고, 일본은 북쪽으로 올라와 두 나라는 서로 부딪힐 수밖에 없었지요. 일본은 만주를 러시아에 내주는 대신 대한 제국을 삼키려 했어요. 그러나 러시아는 조선의 북쪽까지 다 차지하겠다고 고집을 부렸어요.

강대국의 전쟁터가 된 조선

1904년 2월, 일본은 청나라 뤼순에 머물던 러시아 군대를 공격했어요. 다음 날에는 인천 제물포항에 있던 러시아 배 두 척을 침몰시켰지요. 두 나라는 뤼순과 봉천에서 큰 전투를 벌였으나 일본의 승리로 끝났어요. 러시아는 혁명이 일어나 나라 안이 혼란스러웠고, 미국과 영국이 러시아의 힘이 커지는 것을 막기 위해 일본을 도왔기 때문이에요. 러일 전쟁에서 승리한 일본은 대한 제국을 식민지로 만드는 일에 더 속도를 냈지요.

너희가 고집불통이니까 그렇지.

일본이 한일 의정서를 강요했어요

러일 전쟁이 막 일어났을 무렵 대한 제국은 러시아와 일본 가운데 어느 편도 아니라는 중립 선언을 했어요. 그러나 일본 군대가 인천항으로 밀려들었고, 대한 제국은 청일 전쟁에 이어 또다시 다른 나라의 전쟁터가 되었지요. 일본은 대표단을 궁궐로 들여보내 고종을 만나게 했어요. 러일 전쟁이 일어날 수밖에 없었던 까닭을 설명하고, 대한 제국의 평화를 위해 일본을 지지해야 한다며 고종을 압박했어요.

강대국의 전쟁터가 된 조선

일본은 조선 조정에서 친러파를 몰아낸 뒤 러일 전쟁에서 일본을 돕겠다는 약속을 분명히 하라고 고종 앞에 한일 의정서라는 문서를 내밀었어요. 대한 제국은 아무 힘이 없으니 강대국인 일본이 보호하고 사사건건 참견하겠다는 내용이랍니다. 또한 대한 제국의 외교 및 경제, 군사, 경찰 등 모든 분야에 일본이 추천하는 고문*을 두라고 강요했어요. 일본은 고문을 통해 대한 제국을 확실하게 간섭하고 통제하려 했지요.

★**고문** 어떤 분야의 수준 높은 전문가를 말해요.

을사늑약이 체결되었어요

러일 전쟁에서 승리한 일본은 미국과 가쓰라·태프트 비밀 협정을 맺었어요. 미국은 필리핀을, 일본은 대한 제국을 식민지로 삼기로 사이좋게 약속한 거예요.

1905년 11월, 일본 대표 이토 히로부미는 고종에게 을사조약을 강요했어요. 일본의 보호를 받는 대신 외교권을 넘기고, 일본이 세운 통감부에서 대한 제국의 외교를 담당한다는 것이었어요.

강대국의 전쟁터가 된 조선

고종은 크게 반발하며 끝까지 인정하지 않았어요. 총을 든 일본군이 회의장 밖을 둘러싼 가운데, 이토 히로부미는 신하들에게 의견을 물었어요. 반대하는 사람도 있었고 입을 다문 사람도 있었어요. 그러나 학부대신 이완용이 적극 찬성하자 이지용과 박제순, 권중현, 이근택이 뒤를 따랐어요. 이 조약은 을사조약이라 불리지만 강제로 이루어졌기 때문에 '을사늑약'이라고 한답니다.

고종이 헤이그로 밀사를 보냈어요

을사늑약 이후 고종은 경운궁에 갇혀 살며 일본 경찰들의 감시를 받았어요. 그때 네덜란드 헤이그에서 만국 평화 회의가 열린다는 소식이 고종의 귀에 들려왔어요. 고종은 세계 많은 나라의 대표들에게 을사늑약이 얼마나 잘못되었는지를 알리고 싶었지요. 그래서 비밀리에 헤이그로 특별 사절단을 보내기로 했어요. 밀사로 파견된 이준은 일본의 침략에 반대하여 만주와 러시아에 머무르고 있던 이상설, 이위종과 함께 헤이그에 도착했어요.

강대국의 전쟁터가 된 조선

그러나 일본뿐 아니라 영국과 미국의 대표들도 한통속이 되어 세 사람이 회의장에 들어가지 못하도록 막았어요. 할 수 없이 회의장 밖에서 여러 나라의 기자들에게 일본의 만행과 을사늑약이 강제로 맺어진 조약이라는 사실을 알렸지만 큰 성과는 거두지 못했어요.

★**밀사** 비밀스러운 사신이란 뜻이에요.

실록 놀이터

조선 왕조에 대해 살펴본 내용으로 보드게임을 해 보세요. 주사위를 던지고 나온 수만큼 말을 움직여요. '미션'을 해결하면 점수를 얻고, 해결을 못 하면 0점이에요. 도착점에 가서 점수를 더한 뒤 순위를 정해요.

준비물: 주사위, 말

조선 왕조 보드게임

출발 →
↑ 도착

1 조선 왕조 ○○○년 — 10점
2 앞으로 세 칸 가기 — 5점
3 조선 후기에 한 가문에서 권력을 독차지한 정치는? — 10점
14 황금 점수 — 5점
15 초성 퀴즈 ㅁㅅㅎㄴ — 5점
16 앞으로 두 칸 가기 — 3점
17 1897년에 고종이 새로 정한 우리나라의 국호는? — 10점
18 독립운동가 두 명 말하기 — 10점
19 초성 퀴즈 ㅇㅅㄱㅇ — 10점

조선은 대한 제국으로 나라 이름을 바꾼 뒤 13년 만에 나라의 주권을 일본에 빼앗겼어요.
일본의 식민지가 된 조선의 앞날은 가시밭길이었어요. 일본은 조선의 모든 자원과 노동력을 강제로 빼앗거나 헐값에 가져갔어요. 나라 잃은 백성들은 무지막지한 억압과 굶주림에 시달렸지요. 하지만 일본이 강하게 짓누를수록 나라를 되찾으려는 백성들의 바람도 커졌어요.
3·1운동은 백성들이 피워 올린 커다란 불꽃이었어요.

역사 속으로 사라진 대한 제국

빼앗긴 국권

나라를 구하려고 백성들이 일어났어요

을사늑약이 체결되자 다시 전국에서 의병이 일어났어요. 보통 의병장은 양반 출신이었으나 경상도에서는 신돌석이라는 평민 의병장이 엄청난 활약을 펼쳤어요. 의병들은 제국주의 국가들이 식민지를 편하게 다스리기 위해 만들어 놓은 전화선과 기찻길을 파괴했어요. 그리고 서울과 지방의 일진회 사무실을 습격했어요. 일진회는 친일파들이 만든 단체로, 을사늑약에 앞장섰어요.

역사 속으로 사라진 대한 제국

대한 제국은 청일 전쟁 이후 일본으로부터 많은 돈을 빌렸어요. 나라의 빚을 국채라고 해요. 을사늑약 이후 대한 제국의 국채가 눈덩이처럼 불어났어요. 백성들은 일본으로부터 자유로워지려면 국채부터 갚아야 한다고 생각했어요. 대구에서 시작된 국채 보상 운동은 전국으로 퍼져 나갔고 수많은 사람이 참여했어요. 국채 보상 운동의 중심에는 〈대한매일신보〉를 만든 양기탁과 영국인 베델이 있었어요. 일본은 양기탁과 베델이 백성들이 모은 돈을 빼돌렸다고 누명을 씌웠고, 국채 보상 운동은 흐지부지되고 말았답니다.

순종이 황제가 되었어요

일본은 헤이그 밀사 사건을 그냥 넘어가지 않았어요. 경운궁으로 군대를 들여보내 고종에게 왕위에서 물러나라고 윽박질렀어요. 물러나지 않으면 더 많은 군대를 데리고 와서 대한 제국을 쑥대밭으로 만들겠다며 겁을 주었지요. 고종은 이를 악물고 버텼어요. 그러자 을사늑약에 앞장섰던 이완용이 궁궐로 들어왔어요. 일본의 요구를 듣지 않으면 황태자를 내쫓을 수도 있다고 협박했지요. 고종은 어쩔 수 없이 황제의 자리에서 물러났어요.

역사 속으로 사라진 대한 제국

고종과 왕비 민씨 사이에 태어난 황태자가 새 황제가 되었어요. 바로 조선의 마지막 왕이자 대한 제국의 제2대 황제인 순종이에요. 일본은 순종의 동생인 영친왕을 황태자로 삼았어요. 그리고 순종을 고종이 있는 경운궁으로부터 뚝 떨어진 창덕궁에서 살게 했어요. 일본은 순종의 국새를 빼앗아 나랏일을 마음대로 처리했어요. 한일 신협약을 맺어 통감부를 더욱 강화했고, 대한 제국의 모든 일에 더 깊숙이 파고들었어요.

★**국새** 나라의 중요한 서류에 찍는 도장으로 국권을 상징해요.

조선의 군대를 해산시켰어요

대한 제국의 군대는 군사의 수도 매우 적고 무기도 형편없었어요. 일본이 시키는 대로 꼭두각시처럼 움직이고 있었지요. 그러나 을사늑약이 강제로 이루어지고 고종이 쫓겨나자 일본에 반대하는 군사들이 늘어났어요. 의병과 싸우라는 일본군 대장의 명령을 거부하거나, 고종의 퇴위를 반대하는 시위대와 함께 경찰서를 공격하는 군사도 있었어요.
일본은 대한 제국의 군대를 아예 없애 버리기로 했어요.

★**퇴위** 임금의 자리에서 물러나는 걸 뜻해요.

역사 속으로 사라진 대한 제국

1907년, 이완용은 군대를 해산하라는 순종의 명령을 적은 서류를 가짜로 꾸몄어요. 일본군은 대한 제국 군인들을 부대 밖으로 나오게 한 뒤 무기를 모두 가져가 버렸어요. 그리고 아무것도 모르는 군인들 앞에서 군대를 해산하겠다고 발표했지요. 군인들은 눈물을 흘리며 다시 부대 안으로 들어갔으나 남아 있는 무기가 없었어요. 대장 박승환과 몇몇 군인들은 분을 참지 못하고 스스로 목숨을 끊었답니다.

조선의 사법권을 빼앗았어요

일본이 대한 제국을 식민지로 만들려는 가장 큰 목적은 경제적 이득이었어요. 대한 제국의 쌀과 광물, 목재 등의 자원을 빼앗고 노동력을 헐값에 사용하려는 것이었지요. 1908년, 일본은 서울에 동양 척식 주식회사를 세웠어요. 대한 제국과 일본이 함께 세운 회사라고 했지만, 사실은 통감부가 대한 제국 백성들의 논밭과 산을 빼앗아 일본 사람들에게 나누어 주는 일을 했어요. 대한 제국의 경제는 날로 어려워졌고 굶주리는 백성들이 늘어났어요.

역사 속으로 사라진 대한 제국

다음 해 일본은 순종에게 기유각서를 강요했어요. 재판에 대한 권한인 사법권과 관리를 임명하는 권리를 일본이 갖겠다는 내용이었어요.
각서에 따라 대한 제국은 사법권을 잃었고 재판소가 폐지되었어요. 그 대신 일본 재판관이 대한 제국의 백성들을 재판하고 처벌했어요.
특히 일본에 반대하는 활동을 하다 붙잡힌 의병들은 훨씬 무거운 벌을 받았어요. 기유각서는 대한 제국을 탄압한 수많은 방법 중 하나였지요.

일방적인 한일 병합 조약이 체결되었어요

대한 제국의 정치와 경제를 모두 손에 넣은 일본은 이완용을 앞세워 한일 병합 조약을 서둘렀어요. 곧 대한 제국이 일본의 식민지가 된다는 것이지요. 이완용은 순종을 만나 자기가 대신 조약에 나설 테니 서류에 도장을 찍으라고 협박했어요. 아무 힘없는 순종은 시키는 대로 할 수밖에 없었지요. 이완용은 서류를 들고 일본 통감을 찾아가 조약을 마무리했어요.

★**병합 조약** 두 나라가 하나로 합치기로 약속한다는 뜻이에요.

역사 속으로 사라진 대한 제국

1910년 8월 29일, 한일 병합 조약이 온 나라에 발표되었어요.
〈순종실록〉에는 한일 병합 조약의 의의가 다음과 같이 적혀 있어요.
"대한 제국 황제와 일본 황제는 두 나라의 친밀한 관계를 헤아렸을 때,
두 나라의 영원한 행복과 동양의 평화를 유지하기 위한 방법은 병합 조약밖에
없다고 생각한다. 대한 제국 황제는 나라를 다스리는 모든 권리를 일본
황제에게 완전히 넘긴다."

실록 배움터

안중근은 왜 이토 히로부미에게 총을 쏘았나?

안중근의 아버지는 새로운 문물을 받아들이자는 개화파였어요. 아버지의 영향을 받아 안중근도 서양 문물을 배우는 교육 운동에 힘썼어요. 그러나 고종이 황제의 자리에서 쫓겨나고 대한 제국의 군대가 해산당하는 것을 보자 교육 운동으로는 나라를 구할 수 없다고 생각했어요. 그래서 러시아 블라디보스토크로 가서 의병을 조직했고, 두만강 근처에서 일본군 부대와 전투를 벌였어요.

안중근은 대한 제국을 일본의 식민지로 만드는 데 앞장섰던 이토 히로부미가 중국 하얼빈으로 온다는 소식을 들었어요. 러시아의 코코프체프와 대한 제국을 어떻게 처리할 것인지 회담을 하기 위해서였지요. 안중근은 함께 의병 운동을 하는 동지들과 이토 히로부미를 없앨 계획을 세웠어요.
1909년 10월 26일 오전, 안중근은 하얼빈역에 도착한 이토를 향해 총을 쏘았어요. 하지만 곧바로 일본군에 붙잡혀 뤼순 감옥에 갇혔다가 사형을 당하고 말았지요. 안중근의 목숨을 건 노력에도 불구하고 대한 제국은 일본의 식민지가 되었답니다.

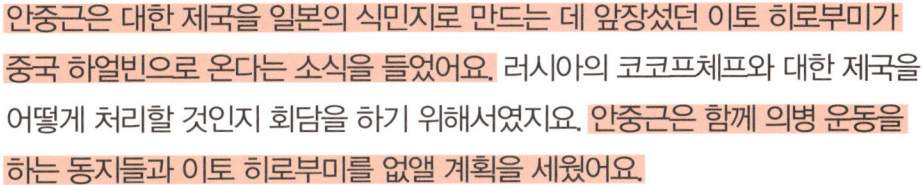

조선의 어둠과 빛

궁궐이 동물원으로 변했어요

창경궁은 창덕궁과 이웃한 조선의 5대 궁궐 중 하나예요. 1909년 일본은 창경궁의 건물을 허물고 그 자리에 동물원과 식물원을 만들었어요. 그리고 사람들에게 입장료를 받고 구경할 수 있게 했지요. 특히 사자, 기린, 코끼리 등 인기가 많은 동물의 우리를 왕이 조상들에게 제사 지내는 종묘 가까운 곳에 세웠어요. 순종을 위해서 한 일이라고 주장했지만 일본이 궁궐을 동물원으로 만든 목적은 대한 제국의 권위를 짓밟는 것이었어요.

역사 속으로 사라진 대한 제국

또한 이왕가★ 박물관을 지어 조선과 대한 제국 황실의 유물을 전시했어요. 이왕가 박물관은 대한 제국이 더 이상 존재하지 않고 역사 속으로 사라진 나라라는 뜻이지요. 일본은 창경궁을 창경원으로 바꾸고 자기 나라 국화인 벚꽃을 잔뜩 심었어요. 봄철이면 벚꽃을 구경하는 사람들로 발 디딜 곳이 없었고, 일본의 바람대로 창경궁은 놀이터로 변했답니다.

★**이왕가** 일본이 조선 왕조를 낮춰 부르던 말이에요.

고종이 갑자기 죽었어요

고종은 빼앗긴 나라를 되찾으려다 황제의 자리에서 물러났어요.
한일 병합 조약 이후 일본은 순종을 이왕, 고종을 이태왕이라 부르게 했어요.
황제에서 왕으로 신분이 낮아진 것이지요. 나라가 망했기 때문에 왕이라
해도 아무 권한이 없었어요. 고종은 나라를 되찾으려고 많은 노력을 했으나
번번이 실패하고 말았어요.

역사 속으로 사라진 대한 제국

고종은 일본의 감시를 받으며 경운궁에 갇혀 지내다 1919년 1월에 세상을 떠났어요. 고종이 갑자기 죽자 일본에 의해 독살당했다는 소문이 퍼졌어요. 궁녀를 시켜 고종이 즐겨 마시던 차에 독을 넣어 죽였다는 것이지요. 오래전부터 고종을 없애려는 시도가 여러 번 있었기 때문에 많은 사람들이 소문을 믿었어요. 그동안 고종은 일본 몰래 독립운동을 도왔어요. 의병들에게 격려의 편지를 보내거나 독립운동 자금을 전하기도 했답니다. 일본의 눈에 고종은 눈엣가시였어요.

3·1 운동이 일어났어요

나라를 빼앗기고 9년이 흐르는 동안 백성들의 마음에 울분이 차곡차곡 쌓였어요. 일본은 조선을 쉽고 편하게 다스리기 위해 조선 총독부를 세웠어요. 총칼을 앞세워 사람들을 짓누르며 곡식과 물자를 빼앗고 노동력을 착취했지요. 그런 상황에서 고종이 독살당했다고 여기자 조선 백성들의 분노가 폭발하고 말았어요.

역사 속으로 사라진 대한 제국

1919년 3월 1일, 서울 종로 태화관에 민족을 대표하는 33명이 모여 독립 선언서를 낭독했어요. 천도교의 손병희, 불교의 한용운, 기독교의 이승훈 등 종교 지도자들이었지요. 가까운 탑골 공원에서도 학생과 시민들이 큰 소리로 대한 독립 만세를 외치며 태극기를 높이 들었어요. 만세 운동은 우리나라는 물론 외국으로 퍼져 나갔어요. 조선 총독부는 경찰과 군인을 시켜 만세 운동에 참여한 사람들을 무자비하게 잡아다 죽이고 고문했어요. 비록 실패로 끝났으나 3·1 운동은 우리 국민들의 강한 독립 의지를 보여 주었지요.

6·10 만세 운동을 일으켰어요

3·1 운동 이후 일본은 조선을 다스리는 방법을 바꾸었어요. 총칼을 앞세우기보다 법을 일본에 유리하게 만들어 사람들을 탄압했어요. 이러한 방법을 '문화 통치'라고 해요. 문화 통치의 목적은 조선 백성을 일본인으로 만드는 것이었어요. 일본은 조선의 문화 발달을 내세우며 자유를 주는 척하면서 속으로는 더욱 철저하게 감시했어요. 자기들이 만든 법에 따라 조선의 자원을 대놓고 빼앗아 갔고, 수많은 사람을 감옥으로 잡아갔어요.

역사 속으로 사라진 대한 제국

1926년 4월, 순종이 창덕궁에서 죽었어요. 순종의 죽음과 함께 조선 왕조 500년의 역사는 막을 내리고 말았지요. 허수아비 임금이긴 했으나 백성들은 순종의 죽음을 무척 슬퍼했어요. 순종의 장례식이 치러진 6월 10일에 다시 만세 운동이 일어났어요. 계획을 세웠던 지도자들이 일본 경찰에 발각되어 끌려가는 바람에, 학생들이 중심이 되어 만세 운동을 일으켰어요. 전국 곳곳에서 힘찬 만세 소리가 터져 나왔고 이번에도 많은 사람이 고초를 겪었어요. 빼앗긴 나라를 찾고자 하는 학생들의 목소리는 1929년에 광주 학생 항일 운동으로 이어졌지요.

실록 배움터

순종 이후 왕족들은 어떻게 살았을까?

조선이 멸망한 후 왕자들과 공주도 일본의 꼭두각시 노릇을 할 수밖에 없었어요.
고종에게는 여섯 명의 아들과 한 명의 딸이 있었어요. 대표적인 왕자는 왕비 민씨가 낳은 순종과 후궁에게서 태어난 의친왕과 영친왕이에요.
의친왕은 고종의 사신으로 일본과 유럽을 다녀왔고, 만주로 가서 독립운동을 하다가 일본 경찰에 의해 조선으로 붙잡혀 왔어요. 일본이 인질로 데려가려고 했으나 끝까지 거부했고, 해방 후 가난하게 살다가 1955년에 죽었어요.

영친왕은 순종의 뒤를 이어 황태자가 되었어요. 이토 히로부미에 의해 강제로 일본 유학을 갔고, 그곳에서 일본 황족인 마사코와 혼인했지요. 일본에서 살다가 해방을 맞았으나 한국과 일본의 국교가 끊어졌기 때문에 돌아올 수 없었어요. 유일한 공주인 덕혜 옹주는 고종의 가장 큰 사랑을 받았어요. 신식 교육을 받는다는 구실로 일본으로 끌려가 일본 남성과 혼인했으나 불행한 삶을 살았어요. 덕혜 옹주는 1962년, 영친왕은 1963년에 우리나라로 돌아올 수 있었답니다.

정답

▼ 44~45쪽

▼ 88~89쪽

▼ 112~113쪽

▼ 158~159쪽

1 500 **3** 세도 정치 **5** 환곡 **6** 흥선 대원군 **9** 동학 **10** 강화도 조약
11 갑신정변 **15** 명성 황후 **17** 대한 제국 **19** 을사늑약

〈그림으로 보는 조선왕조실록〉
시리즈는 전 5권입니다.

1권 새 나라 조선
2권 빛나는 조선의 문화
3권 개혁과 혼란의 시대
4권 새로운 조선을 꿈꾸다
5권 세도 정치로 무너지다

〈그림으로 보는 한국사〉와 함께 읽어요!

조선왕조실록 연표 (제23대~제27대)
세도 정치로 무너지다

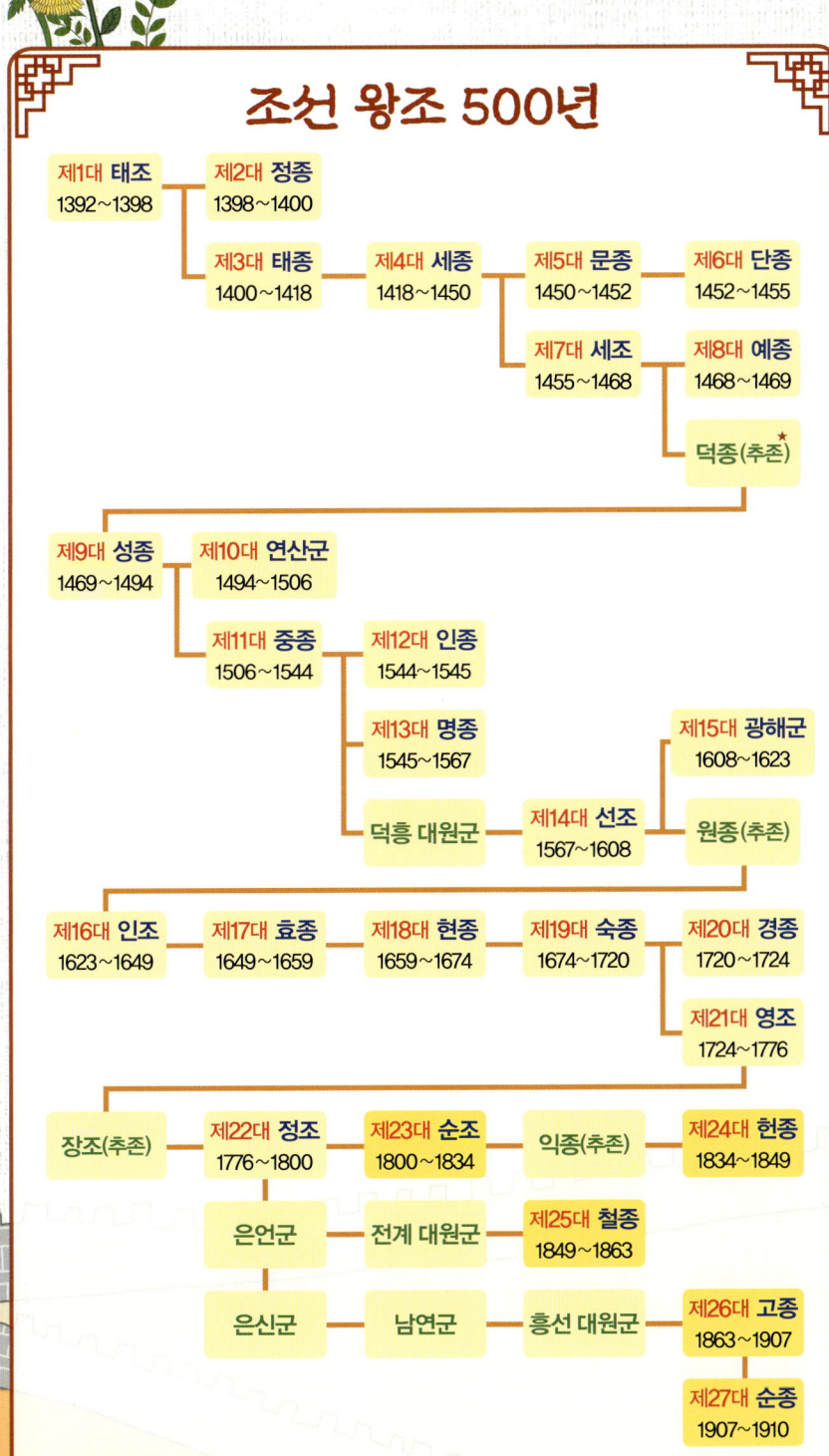

조선 왕조 500년

- 제1대 태조 1392~1398
- 제2대 정종 1398~1400
- 제3대 태종 1400~1418
- 제4대 세종 1418~1450
- 제5대 문종 1450~1452
- 제6대 단종 1452~1455
- 제7대 세조 1455~1468
- 제8대 예종 1468~1469
- 덕종(추존)
- 제9대 성종 1469~1494
- 제10대 연산군 1494~1506
- 제11대 중종 1506~1544
- 제12대 인종 1544~1545
- 제13대 명종 1545~1567
- 덕흥 대원군
- 제14대 선조 1567~1608
- 원종(추존)
- 제15대 광해군 1608~1623
- 제16대 인조 1623~1649
- 제17대 효종 1649~1659
- 제18대 현종 1659~1674
- 제19대 숙종 1674~1720
- 제20대 경종 1720~1724
- 제21대 영조 1724~1776
- 장조(추존)
- 제22대 정조 1776~1800
- 제23대 순조 1800~1834
- 익종(추존)
- 제24대 헌종 1834~1849
- 은언군
- 전계 대원군
- 제25대 철종 1849~1863
- 은신군
- 남연군
- 흥선 대원군
- 제26대 고종 1863~1907
- 제27대 순종 1907~1910

*추존 왕위에 오르지 못하고 죽은 사람에게 임금의 칭호를 주는 걸 말함.

제23대 순조

연도	나이	사건
1790년	1세	정조의 아들로 태어남.
1800년	11세	왕위에 오름. 정순 왕후가 수렴청정을 함.
1801년	12세	신유사옥이 일어남.
1811년	22세	홍경래의 난이 일어남.
1827년	38세	효명 세자에게 대리청정을 맡김.
1834년	45세	경희궁에서 죽음.

제24대 헌종

연도	나이	사건
1827년	1세	효명 세자(익종)의 아들로 태어남.
1834년	8세	왕위에 오름. 순원 왕후가 수렴청정을 함.
1839년	13세	기해박해가 일어남.
1849년	23세	창덕궁에서 죽음.

제25대 철종

연도	나이	사건
1831년	1세	전계 대원군의 아들로 태어남.
1849년	19세	강화도에서 올라와 왕이 됨.
1860년	30세	최제우가 동학을 만듦.
1862년	32세	임술 농민 봉기가 일어남.
1863년	33세	창덕궁에서 죽음.

제26대 고종

연도	나이	사건
1852년	1세	흥선 대원군의 아들로 태어남.
1863년	12세	왕위에 오름. 흥선 대원군이 정권을 잡음.
1865년	14세	흥선 대원군이 경복궁을 다시 짓기 시작함.
1866년	15세	프랑스 군대가 쳐들어옴.
1871년	20세	흥선 대원군이 서원을 47개만 남기고 없앰. 미국 군대가 쳐들어옴. 흥선 대원군이 전국에 척화비를 세움.
1873년	22세	흥선 대원군이 물러남.
1876년	25세	일본과 강화도 조약을 맺음.
1881년	30세	일본에 신사 유람단을 파견함.
1882년	31세	구식 군대가 난을 일으킴.
1894년	43세	동학 농민 운동이 일어남. 갑오개혁을 실시함.
1895년	44세	일본이 명성 황후를 죽임.
1896년	45세	고종이 러시아 공사관으로 달아남. 독립 협회가 만들어짐.
1897년	46세	대한 제국을 선포함.
1904년	53세	러일 전쟁이 일어남.
1905년	54세	을사늑약으로 일본에 외교권을 빼앗김. 애국 계몽 운동이 일어남.
1907년	56세	헤이그 밀사 사건으로 퇴위당함.
1919년	68세	덕수궁에서 세상을 떠남.

제27대 순종

연도	나이	사건
1874년	1세	고종의 아들로 태어남.
1907년	34세	황제의 자리에 오름. 일본이 조선 군대를 해산시킴.
1909년	36세	일본이 창경궁을 동물원으로 바꿈.
1910년	37세	일방적인 한일 병합 조약이 체결됨. 대한 제국이 멸망함.
1919년	46세	3·1 운동이 일어남.
1926년	53세	창덕궁에서 죽음. 6·10 만세 운동이 일어남.